LA MISIÓN

UNIÉNDOSE A DIOS EN SU OBRA

LifeWay Press®
Nashville, Tennessee

Handwritten notes:
193
Juan y Rocro Castillo
2151 OLD OAKLAND RD
#293 SAN JOSE CA 95131
7:30 PM

EL CAMINAR DEL DISCÍPULO

El Caminar del Discípulo es una serie de estudios basados en el modelo para discipular que Jesús usó. Experimentados discipuladores, a lo largo de la nación, crearon estos estudios que ofrecen una senda intencional para un discipulado que transforma y ofrece una manera de ayudar a los seguidores de Cristo de pasar de ser un nuevo discípulo a ser un discipulador maduro. Cada estudio de la serie está basado en los principios de modelar, practicar y multiplicar:

- Líderes que modelan la vida de un discípulo bíblico.
- Discípulos que siguen y buscan la práctica del líder.
- Discípulos que se convierten en discipuladores y que se multiplican por medio de *El Caminar del Discípulo*.

Discipuladores experimentados escribieron y aprobaron cada estudio de esta serie para grupos pequeños y para usar individualmente.

Contribuyentes:

Dr. Rod Dempsey; Thomas Road Baptist Church; Lynchburg, Virginia

Chuan Anderson; First Baptist Church; Palm Coast, Florida

© 2017 LifeWay Press®

Ninguna parte de este libro puede ser reproducida o copiada, bien sea de manera electrónica o mecánica, incluyendo fotocopias, grabaciones, digitalización y/o archivo de imágenes electrónicas, excepto cuando se autorice por la Editorial. Las solicitudes de permisos para realizar reproducciones o copias deben hacerse por escrito y enviarse a: LifeWay Press®; One LifeWay Plaza; Nashville, TN 37234-0196.

Ítem 005788139 • ISBN 978-1-4300-6145-8
Clasificación decimal Dewey: 266
Subdivisión: EVANGELISMO \ MISIONES \ DISCIPULADO

Eric Geiger
Vice President, LifeWay Resources

Michael Kelley
Director, Groups Ministry

Elizabeth Díaz-Works
Editor

Craig Featherstone
Director, LifeWay Global

Creemos que la Biblia tiene a Dios como su autor; la salvación como su finalidad; y la verdad, sin ninguna mezcla de error, como su tema. Para ver los principios doctrinales que sustentamos, visite: www.lifeway.com/doctrinalguideline.

A menos que se indique lo contrario, todas las citas bíblicas se han tomado de la Santa Biblia, Versión Reina-Valera 1960, © Copyright Sociedades Bíblicas en América Latina, publicada por Broadman & Holman Publishers, Nashville, TN. Usada con permiso.

Para ordenar copias adicionales de este recurso escriba a LifeWay Customer Service; One LifeWay Plaza; Nashville, TN 37234-0113; fax 615.251.5933; o llame gratuitamente a 1-800-257-7744; ordene en línea en www.lifeway.com; email orderentry@lifeway.com; o visite una tienda LifeWay Christian.

Printed in the United States of America

Global Publishing • LifeWay Resources
One LifeWay Plaza • Nashville, TN 37234-0196

Para ayudas para usar El Caminar del Discípulo, y para ver algunas ideas adicionales para dirigir este estudio, visite: ministrygrid.com/web/disciplespath (solo disponible en inglés).

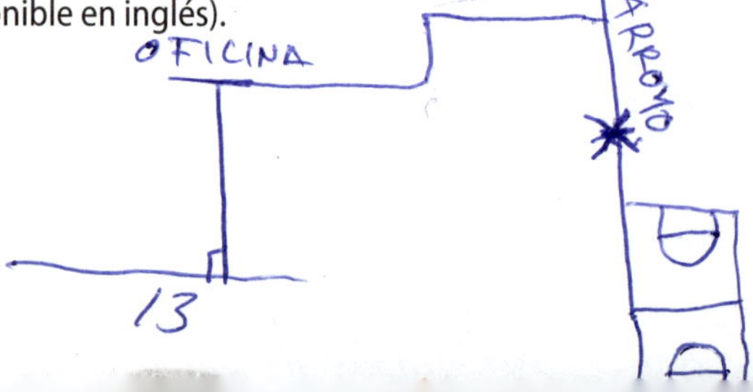

ÍNDICE

UNA NOTA PARA LOS LÍDERES		4
¿QUÉ ES UN DISCÍPULO?		5
CÓMO USAR ESTE LIBRO		6
SESIÓN 1	**CRISTO VINO A NOSOTROS**	8
SESIÓN 2	**CRISTO VINO CON UNA MISIÓN**	22
SESIÓN 3	**CRISTO VINO A MORIR**	36
SESIÓN 4	**NOSOTROS MORIMOS CON CRISTO**	50
SESIÓN 5	**VAMOS CON CRISTO**	64
SESIÓN 6	**VAMOS JUNTOS CON CRISTO**	78
LA ESTRATEGIA DE: EL CAMINAR DEL DISCÍPULO		92
INSTRUCCIONES PARA EL LÍDER		94

UNA NOTA PARA LOS LÍDERES

Hace unos años, yo fui parte de una investigación que realizó un estudio que buscaba descubrir cómo el Señor a menudo transforma los corazones de Su pueblo. El estudio se convirtió en un libro titulado *Transformational Discipleship [Discipulado que Transforma]*. Básicamente queríamos aprender cuál es el proceso para hacer discípulos. Basados en el estudio de las Escrituras y en muchas entrevistas con personas, llegamos a esta conclusión: la transformación tiene la posibilidad de ocurrir cuando un **líder** piadoso pone en práctica la **verdad** en el corazón de una persona que asume una **actitud** que es fácil de enseñar.

- **LÍDER:** Usted es el líder. A medida que invierta en las personas a las que está formando como discípulos, ellas aprenderán mucho acerca de la fe cristiana observándolo a usted, percibiendo su corazón para el Señor y viendo cómo usted sigue al Señor. Le animo a ser el tipo de líder que puede decir: "Sigue mi ejemplo como yo sigo el ejemplo de Cristo".

- **VERDAD:** Estos seis estudios de la serie *El Caminar del Discípulo* se desarrollaron con la colaboración de líderes ministeriales que regularmente y con eficiencia forman discípulos. Estos estudios se diseñaron para hacer que las personas que usted está formando como discípulos profundicen en la Palabra de Dios, porque confiamos que Jesús y Su Palabra nos santifican y nos transforman. Nuestro colectivo de formadores de discípulos trazó el camino de las verdades esenciales que creemos que son necesarias, y que cada creyente debe conocer y comprender.

- **ACTITUD:** Esperamos que las personas con las que usted estará invirtiendo el tiempo, adopten una postura para aprender con facilidad, que esté abierta y hambrienta del Señor. Motívelos a tomar en serio el estudio y a ver su invitación para estudiar juntos, como una oportunidad sagrada de experimentar la gracia y la verdad de Dios.

Esperamos y oramos que el Señor use este estudio en su vida y en las vidas de aquellos a quienes está formando como discípulos. A medida que ponga en práctica la verdad de Dios en corazones dispuestos a aprender, ocurrirá la transformación. ¡Gracias por ser un formador de discípulos!

En Cristo,

Eric Geiger
Vice Presidente de LifeWay Resources
Co-autor de *Transformational Discipleship*

¿QUÉ ES UN DISCÍPULO?

¡Felicitaciones! Si usted decidió vivir como un discípulo de Jesús, ha tomado la decisión más importante que pueda imaginar. Pero tal vez se pregunte: ¿qué quiere decir ser un discípulo? Dicho de una manera sencilla, un discípulo de Jesús es alguien que ha decidido seguir a Jesús. El mandato que dio Jesús a los que Él reclutó como Sus primeros discípulos fue: "Síganme". En la sociedad de Jesús, los líderes religiosos judíos eran llamados rabinos, ellos reunían a un grupo de seguidores llamados discípulos para que estos siguieran sus huellas y aprendieran sus enseñanzas. De la misma manera usted se volverá cada vez más semejante a Jesús a medida que de forma intencional lo siga a Él, durante las próximas semanas. Jesús dijo una vez: "...mas todo el que fuere perfeccionado, será como su maestro" (Lucas 6:40).

En un nivel más profundo, los discípulos de Jesús son los que aprenden a basar su identidad en Jesús. Todos usamos diferentes etiquetas para describir quiénes somos en lo profundo de nuestro corazón. Algunos se ven como atletas o intelectuales. Otros se ven como profesionales, padres, líderes, los payasos del aula y otras cosas.

Los discípulos de Jesús dejan a un lado esas etiquetas y basan su identidad en Él. Por ejemplo:

- **Un discípulo de Jesús es un hijo de Dios.** En la Biblia encontramos estas palabras: "Mirad cuál amor nos ha dado el Padre, para que seamos llamados hijos de Dios" (1 Juan 3:1). Somos hijos de Dios. Él nos ama como nuestro Padre perfecto.

- **Un discípulo de Jesús es un extranjero en este mundo.** Los discípulos de Jesús son extranjeros o forasteros en la sociedad donde viven. Debido a esa identidad, los discípulos de Jesús se abstienen de los actos y las actividades que sean contrarias a Él. Pedro, uno de los primeros discípulos, escribió estas palabras: "Amados, yo os ruego como a extranjeros y peregrinos, que os abstengáis de los deseos carnales que batallan contra el alma" (1 Pedro 2:11).

- **Un discípulo de Jesús es un embajador de Cristo.** Otro de los discípulos de Jesús registró estas palabras en la Biblia: "De modo que si alguno está en Cristo, nueva criatura es; las cosas viejas pasaron; he aquí todas son hechas nuevas. [...] Así que, somos embajadores en nombre de Cristo, como si Dios rogase por medio de nosotros; os rogamos en nombre de Cristo: Reconciliaos con Dios" (2 Corintios 5:17, 20). Durante un tiempo específico los embajadores representan a su rey y a su país en otra sociedad. Jesús nos transformó, así que ahora somos Sus discípulos y Sus embajadores y lo representamos en el mundo mediante nuestras acciones y al hablar a otros acerca de Él.

El recorrido que usted está a punto de emprender, le transformará para llegar a ser más y más semejante a Jesús. ¡Disfrútelo! Nunca nadie amó ni se interesó con tanta pasión por las personas como hizo Jesús. Nunca nadie ha sido tan sincero en su interés por otros como Jesús. Y nunca nadie dio tanto para que pudiéramos experimentar Su amor como lo hizo Jesús en la cruz.

A medida que usted se asemeje más a Jesús, verá que sus relaciones son más fuertes, que tiene más paz interior que nunca antes y que anhela el futuro como nunca antes.

Esa es la bendición de vivir como un discípulo de Jesús.

CÓMO USAR ESTE LIBRO

Bienvenido a *La Misión*. Al estudiar el peregrinaje de los primeros discípulos de Jesús, los cristianos, tanto nuevos como experimentados, obtendrán una mayor comprensión de lo que significa seguir a Jesús. Al comenzar, considere las siguientes guías y sugerencias para sacar el mayor provecho de esta experiencia.

INTERCAMBIO EN EL GRUPO

Debido a que el proceso del discipulado siempre incluye por lo menos a dos personas, el líder y el discípulo, cada sesión de *La Misión* incluye un plan práctico para hacer que el grupo participe en el estudio y tenga un tiempo para intercambiar ideas, comentarios y opiniones.

Este plan incluye los siguientes pasos:

- **COMIENCE.** La primera sección del material para el grupo le ayuda a facilitar el intercambio partiendo de intereses comunes. Usted comenzará reflexionando en la sesión anterior y en sus experiencias recientes como discípulo. Después de pasar un tiempo en oración, encontrará una ilustración práctica que le ayudará a introducir el tema principal de la sesión.

- **LA HISTORIA.** Al usar *El Caminar del Discípulo*, encontrará oportunidades para participar en el estudio de la Biblia mediante la historia y la enseñanza. Por eso, el tiempo en el grupo de cada sesión presenta dos secciones principales: **Conozca la historia** y **Analice la historia**. **Conozca la historia** presenta el texto bíblico e incluye preguntas de seguimiento para realizar un breve intercambio. Se recomienda que el grupo busque el texto bíblico y lo lea en voz alta. **Analice la historia** incluye un material de enseñanza práctica y preguntas para motivar los comentarios. El propósito es ayudarle a aplicar las verdades que se encuentran en el texto bíblico. Para sacar un mayor provecho de la experiencia, use el material provisto como punto de partida para motivar una conversación más profunda. A medida que lea el material de enseñanza y participe en responder las preguntas como grupo, piense cómo las verdades que está analizando tendrán un efecto en su vida cotidiana.

- **PARTICIPE.** La parte con el grupo, en cada sesión, termina con una actividad diseñada para ayudarle a poner en práctica los principios bíblicos que se presentaron en **Conozca la historia** y que se examinaron más profundamente en **Analice la historia**. Este tiempo que se pasa con el grupo, a menudo despierta el interés en los diferentes estilos de aprendizaje y le llevará a relacionarse con el texto bíblico de una manera personal.

DESCUBRIMIENTO INDIVIDUAL

Cada sesión de *La Misión* incluye un material para ser usado de manera individual durante el tiempo que transcurre entre las reuniones del grupo. Este material se divide en tres categorías:

⬆ **Adoración:** Presenta actividades para la adoración y la devoción. Las mismas le ofrecen oportunidades para relacionarse con Dios de forma significativa y para profundizar su relación con Él.

➡⬅ **Estudio personal:** Presenta un material para realizar un estudio personal. Estas páginas le ayudarán a obtener una comprensión más profunda de las verdades y principios que se analizaron durante el debate en el grupo.

⬅➡ **Aplicación:** Presenta sugerencias para la aplicación práctica. Estas sugerencias le ayudan a actuar basándose en los conocimientos que ha adquirido y en sus encuentros con Dios.

Nota: Además del **Plan de lectura**, el material provisto en la parte de descubrimiento individual de cada sesión debe considerarse opcional. Sacará más provecho de su estudio personal al trabajar con el líder de su grupo para crear un plan personalizado de discipulado, usando las **Actividades de cada semana** y la lista de comprobación incluidas en cada sesión.

SUGERENCIAS ADICIONALES

- Usted estará mejor preparado para cada intercambio en el grupo o conversación con su mentor si lee de antemano el material de la sesión. Una lectura cuidadosa será más eficaz, pero si su tiempo es muy limitado, puede darle solo un vistazo a las secciones **Comience** y **La historia**.

- En la misma medida en que esté más dispuesto a participar en los intercambios en el grupo y en el descubrimiento individual en cada sesión, mayor será el beneficio que obtendrá de esas experiencias. No se limite ni tema hacer preguntas cada vez que sea necesario.

- A medida que estudie la sección **Comprométase** en cada sesión, tendrá la oportunidad de practicar diferentes actividades y disciplinas espirituales. Aproveche la oportunidad para observar a otros durante el tiempo en el grupo y para hacer preguntas, así que esté preparado para también incorporar esas actividades en su vida espiritual privada.

- Visite lifeway.com/discipulos para descargar gratis un documento PDF que incluye ayudas para el líder de *El Caminar del Discípulo* y para mayor información acerca de esta serie.

SESIÓN 1
CRISTO VINO A NOSOTROS

Nosotros somos Su misión y Él es nuestra solución.

COMIENCE

REFLEXIONE

Bienvenido a *La Misión*. Este estudio le ayudará a obtener una comprensión más profunda de su misión como un seguidor de Jesús que vive, trabaja y se divierte en un mundo que con frecuencia se opone a Él. No debe sorprenderle que este estudio comience con Jesús.

La primera mitad de este estudio analizará la encarnación de Cristo en el mundo, Su misión por el mundo y Su muerte para salvar al mundo. La segunda mitad analizará nuestra responsabilidad como discípulos. Estamos llamadas a morir con Cristo, ir con Cristo como individuos e ir con Cristo como una comunidad de creyentes para hacer que Su Reino progrese en nuestro mundo. Esa es nuestra misión.

Use las siguientes preguntas para comenzar esta sesión con unos comentarios.

¿Cómo describiría usted su meta como un discípulo de Jesús?

¿Qué espera aprender en las próximas semanas?

ORE

Deténgase un momento para orar, ya sea individualmente o en grupo:

- Dé gracias a Dios por su salvación y por la salvación de sus amistades y familiares que se han unido a usted para seguir a Cristo.

- Pídale a Él que lo vuelva a llenar de asombro y lo maraville por Su regalo de la salvación.

- Pídale a Dios que le proporcione relaciones significativas entre usted y aquellos que se crucen en su camino que todavía no le hayan entregado su vida a Cristo.

INTRODUCCIÓN

"Aquí vengo a sacarle del apuro".

¿Recuerda usted al *Súper Ratón* [Mighty Mouse] de los antiguos dibujos animados? El personaje principal era un ratón antropomórfico que usaba un traje y una capa. Tenía mucho poder, volaba, era súper fuerte, tenía visión de rayos x y telequinesia (movía objetos con la mente). Él usaba ese poder para librar a las víctimas de las garras de los enemigos malos.

Cada vez que *Súper Ratón* lograba una victoria en contra de un adversario, una audiencia invisible prorrumpía en fuertes aplausos mientras que se escuchaba una música de la orquesta de fondo. Luego el narrador decía: "¡Qué ratón! ¡Qué ratón!"

¿Quiénes eran algunos de sus héroes favoritos cuando era niño?

¿Qué poderes o características de estos héroes apreciaba usted más?

La mayoría de las personas disfrutan con las historias de héroes. Ya sean reales o imaginarias, apreciamos pensar en alguien poderoso que llega al rescate de algún necesitado. También apreciamos la compasión o hasta el sentido de obligación que impulsa a una persona a ayudar a otra. Sin embargo, tal vez lo que más nos guste acerca de las historias de héroes es la manera en que el rescate siempre parece suceder precisamente en el último instante. ¿Puede imaginarse ese momento en su mente? La situación es sombría. Las fuerzas del mal están en la cúspide de lograr sus metas, y la vidas de personas inocentes ya casi están a punto de ser arrebatadas.

Entonces, precisamente en ese momento, cuando lo último de nuestra esperanza se disipa, escuchamos: "¡Aquí vengo a sacarle del apuro!" Llegó la salvación. Esta sesión es un recordatorio de que todos nosotros, los que hemos creído en Cristo, hemos experimentado ese momento. Cuando la humanidad no tenía esperanza alguna y estaba atrapada en el pecado, cuando no teníamos esperanza alguna de escapar de las fuerzas del mal dentro de nuestro propio corazón, Dios envió a Su Hijo a satisfacer nuestra necesidad más apremiante.

Cristo vino a nosotros con una misión, y Él nos sacó del apuro.

LA HISTORIA

CONOZCA LA HISTORIA

En la sociedad actual a menudo tenemos la tentación de pensar en la historia de Navidad como un hecho aislado. Celebramos el nacimiento de Jesús, pero no siempre recordamos que Él nació con un propósito. Cristo vino en una misión para salvarnos de nuestros pecados.

¹⁸ El nacimiento de Jesucristo fue así: Estando desposada María su madre con José, antes que se juntasen, se halló que había concebido del Espíritu Santo. ¹⁹ José su marido, como era justo, y no quería infamarla, quiso dejarla secretamente.

²⁰ Y pensando él en esto, he aquí un ángel del Señor le apareció en sueños y le dijo: José, hijo de David, no temas recibir a María tu mujer, porque lo que en ella es engendrado, del Espíritu Santo es. ²¹ Y dará a luz un hijo, y llamarás su nombre Jesús, porque él salvará a su pueblo de sus pecados.

²² Todo esto aconteció para que se cumpliese lo dicho por el Señor por medio del profeta, cuando dijo:

²³ He aquí, una virgen concebirá y dará a luz un hijo,
Y llamarás su nombre Emanuel,

que traducido es: Dios con nosotros.

²⁴ Y despertando José del sueño, hizo como el ángel del Señor le había mandado, y recibió a su mujer. ²⁵ Pero no la conoció hasta que dio a luz a su hijo primogénito; y le puso por nombre Jesús.
MATEO 1:18-25

¿Qué recuerdos vienen a su mente cuando lee estos versículos? ¿Por qué?

ANALICE LA HISTORIA

LA SALVACIÓN VIENE POR MEDIO DE UNA PERSONA

No podemos apreciar el concepto de la salvación como es debido hasta que pensamos profundamente en la Persona de Jesucristo. ¿Por qué? Porque Jesús es más que el Ser que logró nuestra salvación, Él no es sencillamente el Ser que hizo posible la salvación. En su lugar, Jesús es nuestra salvación.

Cuando usted aceptó el llamado de seguir a Cristo, no respondió a un concepto o a un mensaje. Usted respondió a una Persona. Usted siguió a Jesús, el mismo Jesús que nació de una virgen, creció, aprendió, vivió y murió hace casi 2,000 años. El mismo Jesús que es Señor del Reino de Dios y el Maestro de su vida.

Cuando considera a sus compañeros de trabajo, amistades y familiares que todavía no han recibido la salvación, usted quiere que eso cambie. Usted desea que ellos experimenten el gozo que viene con el perdón de los pecados, y eso es bueno. Eso es natural. Pero ellos no experimentarán ese gozo con solo entender mejor una doctrina o repetir una oración.

Ellos necesitan conocer a Jesús. Ellos necesitan experimentarlo.

> Cuando usted acepta el llamado de seguir a Cristo, no responde a un concepto o a un mensaje. Usted responde a una Persona.

¿Qué recuerda de la primera vez que se encontró con Jesús de una manera personal?

¿Cuándo fue la última vez que disfrutó un encuentro personal con Jesús?

Los escritores de los Evangelios comprendieron la importancia de la existencia de Jesús como una Persona viva, que respira. Por eso Mateo se interesó en comenzar sus escritos sobre la vida de Jesús, escribiendo acerca de Su nacimiento milagroso. Lucas hizo lo mismo. Y Juan abrió su Evangelio con una verdad similar expresada en una forma más abstracta: "Y aquel Verbo fue hecho carne, y habitó entre nosotros" (Juan 1:14a).

¿Cómo la condición de ser humano de Jesús le ayudó a seguirlo?

LA SALVACIÓN VIENE CON UN PLAN

El mensaje del evangelio es sencillo: Al enviar a Jesús a nosotros, Dios hizo un camino donde no había camino. Dios tenía un plan de rescate para toda la humanidad. El plan de Dios no solo es un buen plan, o ni siquiera el mejor de muchos planes, es el único plan suficiente para satisfacer la necesidad más apremiante de nuestra vida: la necesidad de ser rescatados de nuestros pecados.

Hemos visto que la salvación está anclada en la persona de Jesucristo. Pero sencillamente conocer quién es Jesús y qué hizo Él no es suficiente para lograr realmente el perdón de nuestros pecados. El plan de Dios requiere que cada persona que encuentra a Jesús lo haga de modo que lo lleve a tener una relación con Él. Y aún más, una vez que encontramos a Jesús, debemos responder a Él con fe, lo cual es un acto de voluntad en el que colocamos nuestra confianza en Él.

¿Cuáles son algunos errores comunes acerca de la salvación?

Otra manera de pensar acerca de la salvación es ver que el plan de Dios requiere que todas las personas:

- **Reconozcan:** Reconocer que tenemos un problema es el primer paso para ser rescatados. El plan de Dios es que todos reconozcamos que no somos suficientes para salvarnos a nosotros mismos, que Jesús es el único camino de rescate de la corrupción del pecado.
- **Se arrepientan:** Una vez que reconocemos nuestra situación, debemos arrepentirnos, esto implica estar sinceramente entristecido por su pecado. Significa cambiar nuestro pensar acerca de nuestra conducta y alejarnos de manera decidida del pecado e ir hacia Dios.
- **Reciban:** Recibir la salvación viene como una oferta, un regalo de la gracia de Dios. Y ese regalo se debe recibir como un acto de fe.

Estos conceptos pueden parecer básicos, pero es vital tener un fundamento firme a medida que continuamos explorando nuestra misión como discípulos de Jesús.

> Una vez que encontramos a Jesús, debemos responder a Él con fe, lo cual es un acto de la voluntad en el que colocamos nuestra confianza en Él.

¿Cómo podemos ayudar a otros a reconocer y seguir estos pasos?

COMPROMÉTASE

Vivir como un discípulo de Jesús significa unirse a Él para lograr Su misión para el mundo. Como veremos por medio de este estudio, tenemos un cometido para ayudar a otros a reconocer la realidad de su pecados y volverse a Jesús para obtener la salvación. Esa parte a veces incluye hablar directamente del mensaje del evangelio. Otras veces nuestras contribuciones son más sutiles.

Por ejemplo, orar es una de las cosas más importante que podemos hacer por aquellos que todavía no han experimentado la salvación en Cristo.

Haga una lista de por lo menos cinco personas en su esfera de influencia que todavía no son discípulos de Jesús. Comprométase a orar diariamente por cada una de estas personas usando sus nombres. Pida a Dios que mande Su espíritu y los convenza de sus pecados.

1.

2.

3.

4.

5.

PETICIONES DE ORACIÓN

....

....

....

....

....

....

....

ACTIVIDADES DE CADA SEMANA

Además de estudiar la Biblia, trabaje con el líder de su grupo para crear un plan de estudio, adoración y aplicación desde este momento hasta la próxima sesión. Seleccione las siguientes actividades opcionales según su preferencia y el tiempo que tenga disponible.

⬆ Adoración

- [x] Lea su Biblia. Cada día realice el plan de lectura que aparece en la página 16.

- [ ] Pase tiempo con Dios. Use la guía devocional que aparece en la página 17.

- [ ] Comuníquese diariamente con Dios mediante la oración.

➡⬅ Estudio personal

- [ ] Lea y estudie la sección "Identificándonos con Jesús", en la página 18.

- [ ] Lea y estudie la sección "Preparándonos para ser un testigo" en la página 20.

⬅➡ Aplicación

- [ ] Haga un esfuerzo durante esta semana para profundizar su relación con un conocido. Busque a alguien a quien usted le gustaría conocer mejor y comience una conversación.

- [ ] Memorice Lucas 19:10: "Porque el Hijo del Hombre vino a buscar y a salvar lo que se había perdido".

- [ ] Siga orando a diario por las personas en su vida que necesitan recibir la salvación. Busque oportunidades para hablar con esas personas de maneras significativas, y especialmente mantenga los ojos abiertos ante las oportunidades para presentar el mensaje del evangelio.

- [ ] Profundice en la doctrina de la salvación, escuchando de un maestro respetable o un podcast sobre este asunto. También podría leer un libro, escuchar un sermón o leer un artículo con relación a este tema.

- [ ] Otro:

ADORACIÓN

PLAN DE LECTURA

Al describir los primeros días de la iglesia, el libro de Hechos ofrece información útil e inspiradora para unirse a Dios en Su misión. Utilice el espacio en blanco para anotar sus ideas y comentarios.

Día 1
Hechos 1:1-14

Día 2
Hechos 1:15-26

Día 3
Hechos 2:1-36

Día 4
Hechos 2:37-47

Día 5
Hechos 3:1-26

Día 6
Hechos 4:1-22

Día 7
Hechos 4:23-37

LA PALABRA

La verdad central de este estudio es que Dios vino a la Tierra con la misión de redimir a Su pueblo mediante el perdón de sus pecados. También llamó a Sus seguidores, los que ya han experimentado el perdón, para que participen en esa misión. Este es el evangelio, las buenas nuevas.

A medida que usted contemple el evangelio y se prepare para comprometerse en la misión de proclamar la verdad a otros, recuerde que todo comienza y termina con Jesús. Él es la encarnación del evangelio. Él es la Palabra hecha carne, como nos lo recuerda el apóstol Juan:

> Y aquel Verbo fue hecho carne,
> y habitó entre nosotros (y vimos su gloria,
> gloria como del unigénito del Padre),
> lleno de gracia y de verdad.
> **JUAN 1:14**

Jesús es Dios y fue Dios desde "el principio" Juan 1:1. Él es Dios el Hijo, la segunda Persona de la Trinidad. Permanece siendo Dios, no se convirtió en nada menos que completamente Dios o en ninguna cosa que no sea Dios. Jesús tomó la carne humana. ¿Por qué hizo esto? Porque toda la carne estaba corrupta. Solo un sacrificio completo y perfecto podría satisfacer para siempre los requisitos justos de Dios para la justicia en contra del pecado (Romanos 3:25).

Al mismo tiempo, Jesús existe como un hombre. Él vino al mundo como un bebé, nació de una virgen (vea Mateo 1:18-25; Lucas 1:26-38). Jesús vivió como una persona a lo largo de las décadas y experimentó la vida como nosotros lo hacemos. Se identificó por completo con nosotros, experimentó el proceso normal del crecimiento y del desarrollo. Encontró una gama completa de las experiencias humanas: calor y frío, hambre y sed, trabajo y reposo.

Jesús tuvo que ser hecho como nosotros en todas las cosas para cualificar como el sustituto por nuestros pecados, y para ayudarnos cuando somos probados (vea Hebreos 2:17-18). Él fue uno con nosotros en todas las formas, excepto que Él no pecó. Jesús vivió una vida perfecta y se ofreció como un sacrificio para salvarnos de nuestros pecados.

¿Qué ha aprendido acerca de Jesús por medio de su propia experiencia?

¿Cómo le gustaría experimentar a Jesús en el futuro?

ESTUDIO PERSONAL 1

IDENTIFICÁNDONOS CON JESÚS

Aquí está una verdad que merece repetirse: Jesús no vino a la Tierra solo para conseguir nuestra salvación, Él es nuestra salvación. Su misión incluyó estar disponible para todas las personas como la solución a nuestro problema principal. Él vino para que nosotros pudiéramos creer en Él y, por lo tanto, recibir el perdón de nuestros pecados.

Como vimos en Mateo 1:18-25, la manera en que Jesús vino al mundo fue totalmente única en el ámbito de la historia. Mientras que cualquier otro rey podría haber nacido en un palacio, Jesús nació en un establo. Mientras que la venida de otro rey se hubiera pregonado en todo el reino y publicado ampliamente a todos los súbditos disponibles, el anuncio del nacimiento de Jesús solo se le dio a algunos testigos humildes (Mateo 1:20-23; Lucas 1:26-35; Lucas 2:9-14). Mientras que a otros niños se les da el nombre que da la imagen de lo que ellos serán, el nombre que se le dio a Jesús realmente declaró quién Él ya era.

Dada la exclusividad de la encarnación de Jesús, no es una sorpresa que la gente reaccionara de muchas maneras diferentes a Su presencia en el mundo.

> *Lea los siguientes pasajes de las Escrituras y escriba las diferentes maneras en que la gente respondió a Jesús.*
>
> *Mateo 2:1-12*
>
>
> *Mateo 2:13-18*
>
>
> *Lucas 2:8-20*
>
>
> *Lucas 2:36-38*
>
>
> *Lucas 4:16-30*

Como discípulos de Jesús estamos llamados a participar en Su misión para redimir al mundo. Hemos experimentado a Cristo como nuestra salvación y, por lo tanto, trabajamos para ayudar a que otros también lo experimenten. Sin embargo, debemos entender que unirnos a Jesús en Su misión, significa que encontraremos una gran cantidad de reacciones y respuestas diferentes, como le sucedió a Él.

Habrá momentos en que la gente responderá al trabajo de usted con gozo. Ellos verán sus acciones, lo escucharán a medida que usted proclame el evangelio y estarán contentos, le darán la bienvenida en sus vidas, como también le darán la bienvenida a Cristo en sus corazones.

Sin embargo, en otras ocasiones la gente responderá a su trabajo de manera negativa, incluso con amargura, desprecio, ira y hasta furia. Cuando usted se une a Jesús en Su misión para redimir al mundo, experimentará contiendas y tensión en sus relaciones, tanto personales como públicas. Usted sufrirá persecución de diferentes formas. A veces sentirá confusión y frustración, y en otros momentos hasta ira.

Y Jesús sabía todo esto cuando le llamó a seguirlo:

> [18] Si el mundo os aborrece, sabed que a mí me ha aborrecido antes que a vosotros. [19] Si fuerais del mundo, el mundo amaría lo suyo; pero porque no sois del mundo, antes yo os elegí del mundo, por eso el mundo os aborrece. [20] Acordaos de la palabra que yo os he dicho: El siervo no es mayor que su señor. Si a mí me han perseguido, también a vosotros os perseguirán; si han guardado mi palabra, también guardarán la vuestra.
> JUAN 15:18-20

¿Cuándo experimentó usted interacciones negativas o emociones negativas en su esfuerzo por seguir a Jesús?

¿Qué recompensas ha experimentado mientras participa en la misión de Jesús para el mundo?

Jesús enfrentó problemas mientras trabajaba para redimir a la gente de este mundo. Nosotros encontraremos lo mismo. Sin embargo, siguiendo Su ejemplo, mostrando Su valor y reflejando Su decisión, podremos continuar para perseverar como discípulos de Cristo que tienen una misión en este mundo.

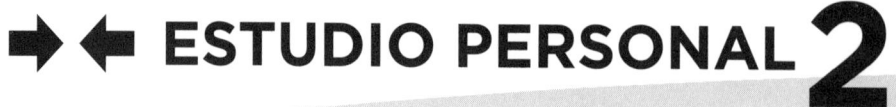

ESTUDIO PERSONAL 2

PREPARÁNDONOS PARA SER TESTIGOS

La Biblia enseña que no hay esperanza para alguien que no crea y acepte el plan de salvación de Dios, recibiendo a Jesucristo. Piense en eso durante un momento y de una manera profunda. En el mundo realmente solo hay dos grupos de personas: los que son salvos y aquellos que están perdidos. Sin embargo, la noticia maravillosa del evangelio es que Jesús vino para salvarnos a todos. Mediante un paso de fe, el destino de los perdidos puede cambiar para siempre.

A nosotros, los que hemos sido rescatados y reconciliados con Dios, se nos ha confiado el mensaje de la salvación (vea Mateo 28:18-20) y el ministerio de la reconciliación con Él (vea 2 Corintios 5:18-20). ¿Cómo hacemos esto? ¿Dónde debemos comenzar? ¿Cómo podemos prepararnos para servir como instrumentos para reconciliar a los demás con Dios?

Aquí hay algunas ideas para que pueda comenzar a prepararse para vivir como un testigo del plan de la salvación de Dios.

1. Memorice y medite en las Escrituras. Además de conocer al Salvador, conocer la Palabra de Dios nos ayuda, más que ninguna otra cosa, a tener confianza como testigos. Memorice algunos versículos y pasajes que expliquen qué es la salvación y por qué la necesitamos. Esto nos ayuda a estar listos para llevar la verdad a cualquier lugar y en cualquier momento que se presente la oportunidad.

Si usted es nuevo en la memorización de la Biblia, los siguientes pasajes de las Escrituras son un buen comienzo:

- Romanos 3:23-24
- Romanos 5:8
- Romanos 6:23
- Romanos 10:9-10

¿Qué versículos de la Biblia memorizará durante las próximas semanas?

2. Acérquese a las personas no salvas. Jesús vino a buscar y salvar a los perdidos, lo que significa que Él buscó encontrarlos. Él buscó la manera de comprometerse con ellos. De esa misma manera nosotros debemos buscar oportunidades para desarrollar relaciones con las personas no salvas. Los empleados del supermercado, los vecinos, las personas sin hogar, el barbero, los compañeros de trabajo, el entrenador y todos aquellos que todavía no se encuentran siguiendo a Cristo forman nuestro campo misionero.

Considere la manera en la que usted pueda conocer a estos individuos en su esfera de influencia para influir en su condición espiritual.

A medida que identifique a las personas que necesitan recibir a Jesús como su Salvador, sea proactivo en profundizar esas relaciones. Persígalos con amor, compañerismo y paciencia. Conocer a los perdidos en su comunidad le ayudará a comprender cómo hablarles de una manera que influya en sus vidas.

¿Qué personas en su vida necesitan recibir la salvación? Haga una lista.

3. Haga que orar por las personas perdidas sea una prioridad. Cuando oramos por aquellos que necesitan la salvación, nos convertimos en los intercesores entre Dios y ellos. Buscando llevar a Dios más cerca de ellos y acercándolos a ellos, más a Dios. A medida que rogamos la intervención de Dios en las vidas de las personas perdidas, Él comienza a obrar en sus corazones. Él también comienza a sensibilizar a nuestros corazones hasta el punto en el que llegamos a compartir Su preocupación por ellos.

Nadie quiere, tanto como Dios, que los perdidos se salven. Al buscarlo a Él, Dios también abre sus ojos a las oportunidades para compartir con ellos.

Comprométase a orar todos los días por las personas en su lista (arriba).

4. Prepare su testimonio personal. La historia de lo que Cristo ha hecho por usted es una de las mejores herramientas que usted tiene para guiar a otros a tener conciencia del llamado del Señor para sus vidas. Luego de verle a usted y escucharle, las personas encontrarán una prueba viviente del poder de Cristo para salvar un alma y transformar una vida.

Es importante que usted sea capaz de contar su testimonio en una forma concisa y directa. Tal vez escribirlo sea la manera más simple de tener la seguridad de que lo que usted dice es claro y conciso. Hacerlo le ayudará a abreviar la historia. Y comprometerse a memorizar su testimonio le ayudará a ser capaz de contarlo en cualquier lugar y en cualquier momento que surja la oportunidad.

¿Cómo describiría usted su testimonio? Procure escribirlo en una hoja de papel.

SESIÓN 2
CRISTO VINO CON UNA MISIÓN

Jesús vino para servir a Dios y liberarnos.

COMIENCE

REFLEXIONE

En la sesión anterior estudiamos la presencia de Jesús en este mundo. Sabemos por la Palabra de Dios que Jesús dejó el cielo y entró en el mundo físicamente, este es un hecho al que llamamos la encarnación. También vimos que Jesús es nuestra única esperanza para obtener la salvación. Él es la única solución al problema de nuestros pecados.

A medida que usted se prepare para estudiar el propósito de la encarnación de Jesús, tome un momento para reflexionar en sus experiencias en estos días.

¿Cuál de las tareas estudió esta semana? ¿Cómo le fue?

¿Qué aprendió o experimentó al leer la Biblia?

¿Qué preguntas le gustaría hacer?

ORE

Comience esta sesión comunicándose con Dios mediante la oración, ya sea individualmente o en grupo:

- Dé gracias a Dios por comprometerse de manera activa en Su misión para redimir al mundo.

- Pídale que se acerque a aquellos que no son salvos y que los ayude a liberarse de sus pecados y de su ceguera espiritual.

- Pida sabiduría y claridad en la mente a medida que estudie la Palabra de Dios en el grupo y durante la semana.

Cristo vino con una misión

INTRODUCCIÓN

The Secret Millionaire es una serie de TV en la que individuos muy ricos viven en secreto durante una semana en una comunidad pobre. Los millonarios van voluntariamente a vivir en casas pobres, ocultando su identidad y privándose de los privilegios que les proporciona el dinero, viviendo en la pobreza por una semana.

Se mudan a un vecindario pobre, y los millonarios comparten las mismas condiciones de vida de sus nuevos vecinos, viviendo en un complejo de casas subvencionadas y limitándose a una entrada económica similar a la que otorga la asistencia social. Ellos se relacionan con la comunidad y viven entre la gente, identificándose con sus problemas. La proximidad les permite observar la vida y muchas situaciones reales. También les da la oportunidad de conocer las luchas de sus vecinos, ver su angustia y sufrir por la falta de recursos para poder cubrir sus necesidades más elementales.

Al observar y escuchar, los millonarios consideran lo que pudieran hacer para aliviar el sufrimiento que los rodea y mejorar la vida de algunos de sus vecinos. En el último día, antes de regresar al paraíso, los millonarios revelan su verdadera identidad y sorprenden a una persona o a un grupo de personas, con una donación generosa.

¿Cómo describiría la manera en que usted se siente cuando es capaz de ayudar a alguien?

¿Cuáles son algunas de las necesidades más significativas en la congregación de su iglesia? ¿Y en su comunidad?

The Secret Millionaire ofrece un buen ejemplo de cómo una presencia comprensiva, abastecimiento generoso y personas con poder, pueden ayudar a mejorar las circunstancias difíciles. También ofrece un útil recordatorio de lo que hizo y hace Jesús por todos nosotros.

Dios mandó a Su Hijo unigénito al mundo para traer soluciones duraderas a los problemas crónicos de los demás. Él vino para salvar y para servir.

LA HISTORIA

CONOZCA LA HISTORIA

Generalmente resulta difícil explicar los principios bíblicos de una manera simple y breve. Esto es tan cierto hoy como era en los tiempos de la iglesia primitiva. Esta es una de las razones por las que los cristianos aman estos versículos de la epístola a los filipenses. Se le conoce como "El himno de Cristo", porque este pasaje resume la identidad y la misión de Jesucristo en el mundo.

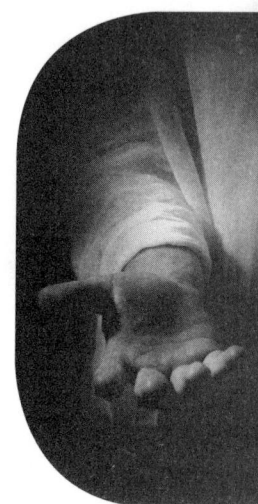

> ⁵ Haya, pues, en vosotros este sentir que hubo también en Cristo Jesús,
>
> ⁶ el cual, siendo en forma de Dios,
> no estimó el ser igual a Dios
> como cosa a que aferrarse,
> ⁷ sino que se despojó a sí mismo,
> tomando forma de siervo,
> hecho semejante a los hombres;
> ⁸ y estando en la condición de hombre,
> se humilló a sí mismo,
> haciéndose obediente hasta la muerte,
> y muerte de cruz.
> ⁹ Por lo cual Dios también le exaltó hasta lo sumo,
> y le dio un nombre que es sobre todo nombre,
> ¹⁰ para que en el nombre de Jesús
> se doble toda rodilla
> de los que están en los cielos,
> y en la tierra, y debajo de la tierra;
> ¹¹ y toda lengua confiese
> que Jesucristo es el Señor,
> para gloria de Dios Padre.
> **FILIPENSES 2:5-11**

¿Cuál es su reacción inicial al versículo 5?

¿Cómo estos versículos contribuyen a su comprensión de la misión de Jesús en nuestro mundo?

Cristo vino con una misión

ANALICE LA HISTORIA

CRISTO VINO A SERVIR A DIOS

Hay una mala interpretación que es común en cuanto a las razones de la presencia de Jesús en nuestro mundo. En específico, muchas personas creen que la humanidad fue la fuerza que motivó la encarnación, que Jesús vino a nosotros simplemente porque lo necesitábamos de manera desesperada. Es cierto que la humanidad necesitaba a Cristo, y todavía lo necesita. Sin Él no tenemos esperanzas. Sin embargo, es importante entender que Dios fue el motivo principal para la encarnación de Jesús. No nosotros.

En Filipenses 2:6-7, Pablo refuerza la enseñanza de que Jesús es Dios. El Hijo que siempre ha existido "en forma de Dios". Sin embargo, para que Dios cumpliera su misión de redimir al mundo, Jesús "se despojó a sí mismo" voluntariamente, para tomar la forma de hombre. En específico, Pablo dijo que Jesús se convirtió en un siervo, pero no para nosotros. Jesús nunca fue un esclavo o siervo de la humanidad. Por el contrario, Jesús se despojó a sí mismo para servir a Dios. El versículo 8 continúa la misma idea. Al humillarse a sí mismo, Jesús fue obediente a la voluntad de Dios, no a nuestras necesidades.

> Como discípulos de Jesús, estamos llamados a la misma misión y tenemos el mismo propósito, servir a Dios y honrarlo a Él.

¿Por qué es peligroso creer que la misión de Dios se basó en nuestras necesidades?

Jesús confirmó su propia motivación mientras hablaba a las multitudes:

> Porque he descendido del cielo, no para hacer mi voluntad, sino la voluntad del que me envió.
> **JUAN 6:38**

Jesús entendió que Su misión era servir a Dios y glorificarlo. Es una gran noticia para nosotros saber que al hacer eso, Él se convirtió en nuestra salvación. Entonces, como discípulos de Jesús, estamos llamados a la misma misión y tenemos el mismo propósito, servir a Dios y honrarlo a Él. Y, como veremos en este estudio, una de las maneras en que servimos y honramos a Dios es sirviéndolo activamente como un testigo ante los demás.

En un sentido práctico, ¿qué significa servir a Dios?

CRISTO VINO PARA LIBERARNOS

Esta es otra mala interpretación en cuanto a la misión de Jesús en el mundo: que todo comenzó en la Navidad. Muchas personas creen que el nacimiento de Jesús fue el comienzo de la misión de Dios para salvar a la humanidad de nuestros pecados.

En cambio, la encarnación fue un acontecimiento crucial en medio del gran plan de Dios para liberar a la humanidad de la esclavitud del pecado, un plan que se remonta hasta los primeros momentos en que expulsaron a Adán y a Eva del Jardín del Edén (Génesis 3:20-24).

Lea los siguientes versículos y describa cómo cada uno ilustra el plan de Dios para rescatar a las personas de sus pecados.

    Génesis 12:1-3
    Isaías 53:7-12
    Jeremías 31:31-34

Jesús es nuestra salvación, lo que significa que Él es nuestra única esperanza para experimentar la libertad en un sentido espiritual. La muerte y resurrección de Jesús son la única puerta a través de la cual podemos entrar para recibir el perdón y la vida espiritual.

Sin embargo, la libertad espiritual no es el único tipo de libertad que Jesús ofrece a quienes lo seguirán. Él también nos puede liberar de nuestros temores y dudas. Él nos puede liberar de las emociones que nos abruman. Él nos puede liberar de las preocupaciones físicas y financieras que pesan sobre nosotros. Él hasta puede liberarnos de la necesidad de controlar cada aspecto de nuestra vida y resolver nuestros problemas con nuestras propias fuerzas, si dejamos que Él lo haga.

En conclusión, Jesús puede liberarnos de vivir vidas concentradas en las luchas temporales y animarnos a participar en la gloriosa misión de Dios para el mundo.

La muerte y resurrección de Jesús son la única puerta a través de la cual podemos entrar para recibir el perdón y la vida eterna.

¿De qué manera ha experimentado la libertad en Cristo?

Desde luego, cuando Jesús nos libera, también nos llama a servir como testigos y vecinos de aquellos que todavía siguen estancados en la esclavitud de sus pecados.

COMPROMÉTASE

Cuando la gente habla de unirse a Jesús en Su misión para el mundo, a menudo usa la frase "compartir el evangelio". Pero, ¿qué es en específico el evangelio? ¿Cómo definiría usted esa palabra?

En un sentido amplio, el evangelio es todo lo relacionado con la Persona y obra de Jesús. Esto incluye todo lo que tiene que ver con Su nacimiento, Su vida, Su muerte y Su resurrección, sin mencionar todos los beneficios que experimentan los creyentes como resultado. En un sentido más limitado, el evangelio se refiere a las "buenas nuevas" de que todas las personas pueden ser salvas de la esclavitud de sus pecados por medio de la muerte y resurrección de Cristo.

Entonces, "compartir el evangelio" es sencillamente hablar acerca de las buenas nuevas. Y, contrario a la opinión de muchos, no hay una manera "buena" o "correcta" de hacerlo ¡Solo estudie las Escrituras!

Lea los siguientes pasajes de las Escrituras. Compare y contraste cada uno de los diferentes métodos usados para compartir el evangelio.

Hechos 2:14-40

Hechos 8:26-35

Hechos 17:16-31

PETICIONES DE ORACIÓN

....
....
....
....
....
....
....
....

ACTIVIDADES DE CADA SEMANA

Además de estudiar la Biblia, trabaje con el líder de su grupo para crear un plan de estudio, adoración y aplicación desde este momento hasta la próxima sesión. Seleccione las siguientes actividades opcionales según su preferencia y el tiempo que tenga disponible.

⬆ Adoración

- ☑ Lea su Biblia. Cada día realice el plan de lectura que aparece en la página 30.
- ☐ Relaciónese con Dios cada día mediante la oración.
- ☐ Pase un tiempo con Dios. Use la guía devocional que aparece en la página 31.

➡⬅ Estudio personal

- ☐ Lea y estudie la sección "Jesucristo nos llama para servir a Dios", página 32.
- ☐ Lea y estudie la sección "Jesucristo nos llama para servir a otros", Página 34.

⬅➡ Aplicación

- ☐ Ore diariamente por una persona o un grupo de personas en su comunidad que estén necesitadas de ayuda espiritual, financiera o de otro tipo.
- ☐ Memorice Marcos 10:45: "Porque el Hijo del Hombre no vino para ser servido, sino para servir, y para dar su vida en rescate por muchos".
- ☐ Esta semana, como parte de su vida devocional, haga un esfuerzo especial para relacionarse con Dios como su Maestro y Rey. Ore, lea la Biblia y obedezca los mandamientos de Dios con la mente de un sirviente.
- ☐ Esta semana salga de su comodidad para servir a alguien. Compre un café a alguien que pudiera tener frío. Ayude a limpiar la oficina de su compañero de trabajo. Cuide a un bebé de una pareja joven para que salgan un rato. Simplemente haga algo agradable para bendecir a alguna persona que usted conozca.
- ☐ Otro:

PLAN DE LECTURA

Esta semana siga leyendo el libro de Hechos. Utilice el espacio en blanco para anotar sus ideas y comentarios.

Día 1
Hechos 5:1-16

Día 2
Hechos 5:17-42

Día 3
Hechos 6:1-15

Día 4
Hechos 7:1-36

Día 5
Hechos 7:37-60

Día 6
Hechos 8:1-25

Día 7
Hechos 8:26-40

MANTÉNGALO SENCILLO

Como seres humanos, y como discípulos de Jesús, tenemos la tendencia natural de pensar mucho en los asuntos que realmente son simples. Tal fue el caso con el erudito que se aproximó a Jesús en Lucas 10:

> [25] Y he aquí un intérprete de la ley se levantó y dijo, para probarle: Maestro, ¿haciendo qué cosa heredaré la vida eterna? [26] Él le dijo: ¿Qué está escrito en la ley? ¿Cómo lees?
> [27] Aquél, respondiendo, dijo:
> Amarás al Señor tu Dios con todo tu corazón, y con toda tu alma, y con todas tus fuerzas, y con toda tu mente; y a tu prójimo como a ti mismo.
> [28] Y le dijo: Bien has respondido; haz esto, y vivirás.
> [29] Pero él, queriendo justificarse a sí mismo, dijo a Jesús: ¿Y quién es mi prójimo?
> **LUCAS 10:25-29**

Es posible que este "intérprete de la ley" fuera un escriba de oficio. Es posible que también sirviera como fariseo o maestro de la ley. De cualquier manera, él se acercó a Jesús con una pregunta que era común entre los eruditos de sus días. Él quería saber cuál era la posición de Jesús sobre un asunto teológico de la misma manera que un político moderno preguntaría: "¿Es usted demócrata o republicano?"

Cuando Jesús le respondió con otra pregunta, el erudito dio la respuesta correcta. Jesús estuvo de acuerdo con él, pero eso no era suficiente. El escriba quería seguir indagando más profundamente. Él preguntó: "¿Y quién es mi prójimo?"

Lea Lucas 10:30-37 para ver la respuesta de Jesús. ¿Qué le parece que es lo más interesante en la narración de esta parábola?

Basándose en esta parábola, ¿quién diría usted que es su prójimo?

Note que el intérprete de la ley enfatizó quién podría ser el objeto de amor y servicio, mientras que Jesús enfatizó la acción misma. Por medio de esta parábola, Jesús expresó la necesidad de hacer menos evaluación y tomar más acción. Entonces, siguió adelante. Tal vez la pregunta: "¿quién es mi prójimo?" no sea un asunto por el que debemos preocuparnos hoy. Tal vez debamos preguntar: "¿De quién soy el prójimo?"

ESTUDIO PERSONAL 1

JESUCRISTO NOS LLAMA PARA SERVIR A DIOS

Cuando leemos las Escrituras, encontramos muchos conceptos y situaciones que eran comunes en los tiempos bíblicos, pero que hoy no lo son. Por ejemplo, piense en los reyes. Como lectores modernos de la Biblia podemos reconocer el concepto de un rey en un ámbito intelectual. Sin embargo, en un país democrático, es realmente difícil entender cómo sería vivir bajo el total gobierno absoluto de una sola persona.

Lo mismo sucede con el concepto de ser un siervo. Como lectores modernos podemos entender la definición de un siervo como alguien que sirve a otros. Sin embargo, por lo general pensamos en este servicio en términos de un trabajo, es decir, un siervo que sirve a su amo durante una cierta cantidad de tiempo, por ejemplo, 8 a 10 horas diarias, marca la tarjeta del reloj, sale del trabajo y regresa a casa para disfrutar de un descanso y relajarse.

En realidad, en el mundo antiguo el siervo estaba dedicado, en todo momento, a satisfacer por completo las necesidades y deseos de su amo. De hecho, pensar en la palabra esclavo en lugar de siervo nos ayudará a comprender mejor las cosas.

Lea los siguientes pasajes de las Escrituras y anote qué enseñan acerca de la vida como un siervo (o esclavo) en el mundo antiguo.

Génesis 16:1-6

Éxodo 21:20-21

Deuteronomio 15:12-18

Efesios 6:5-9

¿Por qué es esto importante? Porque cuando aceptamos el llamado para seguir a Jesús como Sus discípulos, estamos aceptando Su llamado a vivir como siervos (o esclavos) de Dios.

Como vimos en los comentarios del grupo, Jesús vino a la Tierra con obediencia y para servir a Dios. Él se despojó a sí mismo y asumió "forma de siervo" (Filipenses 2:7). Como discípulos de Jesús, nosotros lo imitamos en todas las cosas. Nuestra meta es llegar a ser más semejante a Él en todos los aspectos de la vida (vea 2 Corintios 3:18). Por lo tanto, seguimos a Cristo al unirnos a Él como siervos de Dios.

Aunque es triste, muchos cristianos creen que servir a Dios es una ocupación solo durante parte del tiempo. Cuando nos concentramos en las cosas espirituales algunas veces al día, nos sentimos justificados al seguir a nuestro propio interés y deseo por el resto de ese día. De nuevo, a menudo vemos servir a Dios como una ocupación de 9 a.m. a 5 p.m., cuando en realidad nuestra identidad como discípulo de Jesús requiere una entrega de 24/7.

El mismo Jesús dejó claro que nuestro servicio a Dios debe incluirlo todo:

> [7] ¿Quién de vosotros, teniendo un siervo que ara o apacienta ganado, al volver él del campo, luego le dice: Pasa, siéntate a la mesa? [8] ¿No le dice más bien: Prepárame la cena, cíñete, y sírveme hasta que haya comido y bebido; y después de esto, come y bebe tú? [9] ¿Acaso da gracias al siervo porque hizo lo que se le había mandado? Pienso que no. [10] Así también vosotros, cuando hayáis hecho todo lo que os ha sido ordenado, decid: Siervos inútiles somos, pues lo que debíamos hacer, hicimos.
> **LUCAS 17:7-10**

¿Cuál es su reacción a estos versículos? ¿Por qué?

¿Cree que deben premiarlo siempre que obedece a Dios al hacer algo positivo o cuando rechaza algo negativo? Explique.

Jesús nos ha llamado a servir a Dios, al igual que Él sirve y obedece al Padre en todas las cosas. La noticia maravillosa es que tal servicio no es una carga o un grillete. Por el contrario, solo al abrazar por completo nuestra identidad como siervo de Dios podemos experimentar la plenitud de la vida que Dios diseñó para que la disfrutemos.

➡ ⬅ ESTUDIO PERSONAL 2

JESUCRISTO NOS LLAMA PARA SERVIR A OTROS

Jesús vino a la Tierra con una misión. Aunque Él es Dios, voluntariamente se despojó a Sí mismo para entrar a nuestro mundo y cumplir esa misión, servir al Padre. Como discípulos de Jesús nosotros también estamos llamados a servir a Dios, y también estamos llamados a hacerlo al unirnos a Jesús para lograr Su misión.

Dados estos conceptos, es lógico preguntar: "¿Cuál es la misión?" ¿Qué debemos esperar o lograr cuando nos convertimos en discípulos de Cristo? Es interesante que Jesús nos diera algunas respuestas claras a esa pregunta cuando anunció por primera vez Su ministerio (y misión) de una manera pública:

> [16] Vino a Nazaret, donde se había criado; y en el día de reposo* entró en la sinagoga, conforme a su costumbre, y se levantó a leer. [17] Y se le dio el libro del profeta Isaías; y habiendo abierto el libro, halló el lugar donde estaba escrito:
> [18] El Espíritu del Señor está sobre mí,
> Por cuanto me ha ungido
> para dar buenas nuevas a los pobres;
> Me ha enviado
> a sanar a los quebrantados de corazón;
> A pregonar libertad a los cautivos,
> Y vista a los ciegos;
> A poner en libertad a los oprimidos;
> [19] A predicar el año agradable del Señor.
> [20] Y enrollando el libro, lo dio al ministro, y se sentó; y los ojos de todos en la sinagoga estaban fijos en él. [21] Y comenzó a decirles: Hoy se ha cumplido esta Escritura delante de vosotros.
> **LUCAS 4:16-21**

¿Cómo cumplió Jesús la profecía de Isaías?

¿Cómo estos versículos le ayudan a entender su responsabilidad como discípulo de Cristo?

Solo Jesús podía cumplir las implicaciones espirituales de Lucas 4:16-21. Por medio de Su muerte y resurrección Él proclamó las buenas nuevas a los que eran pobres espiritualmente, la libertad para los cautivos del pecado, la vida para los oprimidos por la ley y la vista a los ciegos a su propia necesidad de salvación.

Sin embargo, nosotros podemos unirnos a Jesús en Su misión en un nivel práctico. En específico, podemos ser:

- **Mensajeros de Dios.** Jesús presentó las buenas nuevas del evangelio con claridad y variedad. Él comunicaba de manera que tomaba en cuenta la personalidad de los oyentes, era relevante a su cultura y sensible a sus necesidades (Juan 3:1-16; 4:3-26; Marcos 10:21-22). Así mismo, servir a Dios fielmente requiere que nosotros seamos mensajeros competentes y creativos que hablemos con confianza de Su salvación. Tenemos el llamado de esparcir las buenas nuevas.

- **Ministros de Dios.** A lo largo de Su ministerio Jesús prestó atención a aquellos que necesitaban ayuda. Su misión era primordialmente espiritual, sin embargo, Él tomó un tiempo para atender a las necesidades físicas y los problemas terrenales. Él ministró a los pobres, los cautivos, los ciegos y los oprimidos, y Él nos ha llamado a hacer lo mismo.

- **Misioneros de Dios.** Al igual que Jesús dejó el paraíso para salvarnos, nosotros estamos llamados a salir de nuestra zona de comodidad para ejercer influencia en el mundo. Esto puede significar salir a nuestro vecindario, salir de nuestro país o ir al mundo. La clave es la obediencia a la guía de Dios y la disposición de ir para servir y ayudar a los necesitados.

¿En qué situación se siente usted más cómodo acerca de proclamar el evangelio?

Cuando usted piensa en las personas con necesidades, ¿a quién recuerda?

¿Dónde le está llamando Dios a ir para servirle a Él?

Jesús satisfizo las necesidades espirituales y físicas de aquellos que Él encontró y de aquellos que Él buscó. Como discípulos de Él, estamos llamados a hacer lo mismo.

SESIÓN 3

CRISTO VINO A MORIR

Jesús vino a sufrir, a sacrificarse y a llamarnos a hacer lo mismo.

COMIENCE

REFLEXIONE

En la sesión anterior analizamos la misión de Cristo en el mundo. Vimos que Él se convirtió en la salvación para la humanidad, no para servir a la humanidad, sino para servir a Dios. También aprendimos que Jesús nos llama a seguir Su ejemplo, a vivir como siervos de Dios, y esa parte de nuestro servicio a Dios incluye servir intencionalmente a otras personas para continuar impulsando Su misión en el mundo.

Mientras se prepara para participar en la culminación de la misión de Jesús en este mundo, Su muerte como un sacrificio para el perdón de nuestros pecados, use las siguientes preguntas para reflexionar en sus experiencias durante en estos días.

¿Cuál de las tareas estudió esta semana? ¿Cómo le fue?

¿Qué aprendió o experimentó al leer la Biblia?

¿Qué preguntas le gustaría hacer?

ORE

Deténgase un momento para orar, ya sea individualmente o como un grupo:

- Dé gracias a Dios por no retener ninguna cosa buena para usted, incluyendo a Jesús.

- Alabe a Dios por Su plan de hacer que la salvación esté disponible para todas las personas mediante la muerte y resurrección de Jesús.

- Pida a Dios que le dé una perspectiva fresca sobre el sufrimiento y un corazón listo para hacer los sacrificios necesarios que Él le llame a hacer para Su gloria y para el bien de los demás.

INTRODUCCIÓN

"Fue el mejor de los tiempos, fue el peor de los tiempos".

La primera oración de Charles Dickens en *Historia de dos ciudades* es una de las más famosas líneas de apertura en la literatura occidental, y con todo derecho. Sin embargo, la popularidad de esa primera oración a veces eclipsa la extensa historia del libro, una historia que vale la pena recordar por el impresionante cuadro del sacrificio para el beneficio de los demás.

La historia se desarrolla en Londres y París, los personajes del libro son Charles Darnay y Sydney Carton. Estos dos hombres son casi gemelos en su apariencia física. Sin embargo, son muy diferentes en su interior. Darnay es un hombre íntegro con un carácter impecable, mientras que Carton es un astuto y sarcástico fracasado que bebe en exceso.

Durante la historia, ambos hombres se enamoran de Lucie Manette, que representa a la mujer ideal de su tiempo. No es de sorprenderse que Lucie escoja casarse con Darnay, aunque Carton se convierte en un amigo de la familia. Luego de pasar años viviendo una vida pacífica en Londres, arrestan a Darnay en París en los momentos más críticos de la Revolución Francesa debido a pecados que cometió su familia aristocrática. Lo sentencian a morir en la guillotina. Sin embargo, en el último momento, Carton entra furtivamente en la prisión de Darnay y con un golpe lo deja inconsciente. Carton hace arreglos para que alguien lleve a Darnay clandestinamente a Londres mientras que él permanece en la prisión para asegurar que su rival regrese a Lucie. Al próximo día ejecutan a Carton en lugar de a Darnay. El mismo Carton declama la última línea del libro, la cual es tan mordaz y poderosa como la primera: "Lo que hago es muchísimo mejor que todo lo que he hecho antes; voy a un descanso muchísimo mejor de lo que jamás he conocido".[1]

¿Cuáles son algunas historias de la sociedad moderna que reflejan el valor del amor expiatorio?

¿Cuándo se benefició con el sacrificio hecho por otra persona?

El sacrificio de Sydney Carton es un emocionante ejemplo, un hombre pecador que muere de manera voluntaria para compensar su vida desperdiciada. Como veremos en esta sesión, el sacrificio de Jesús fue algo diferente. En Cristo vemos a un hombre perfecto que voluntariamente muere para salvar las vidas pecadoras de todos los demás.

LA HISTORIA

CONOZCA LA HISTORIA

La realidad de que Jesús es completamente Dios y completamente hombre es una doctrina fundamental de la fe cristiana. Y sin embargo, a menudo es difícil imaginar a Jesús como un ser humano genuino. Es difícil pensar en Jesús, nuestro Señor, viviendo experiencias tan humanas como la soledad, el rechazo y el dolor físico. No obstante, las Escrituras nos enseñan que Jesús sufrió las indignidades asociadas con la vida humana, hasta la máxima indignidad de la muerte física.

²⁰ Él les dijo: ¿Y vosotros, quién decís que soy? Entonces respondiendo Pedro, dijo: El Cristo de Dios. ²¹ Pero él les mandó que a nadie dijesen esto, encargándoselo rigurosamente, ²² y diciendo: Es necesario que el Hijo del Hombre padezca muchas cosas, y sea desechado por los ancianos, por los principales sacerdotes y por los escribas, y que sea muerto, y resucite al tercer día. ²³ Y decía a todos: Si alguno quiere venir en pos de mí, niéguese a sí mismo, tome su cruz cada día, y sígame. ²⁴ Porque todo el que quiera salvar su vida, la perderá; y todo el que pierda su vida por causa de mí, éste la salvará. ²⁵ Pues ¿qué aprovecha al hombre, si gana todo el mundo, y se destruye o se pierde a sí mismo? ²⁶ Porque el que se avergonzare de mí y de mis palabras, de éste se avergonzará el Hijo del Hombre cuando venga en su gloria, y en la del Padre, y de los santos ángeles. ²⁷ Pero os digo en verdad, que hay algunos de los que están aquí, que no gustarán la muerte hasta que vean el reino de Dios.
LUCAS 9:20-27

¿Qué preguntas vienen a su mente cuando lee estos versículos?

Haga una lista de las promesas que contienen estos versículos ¿Qué promesas le llaman la atención, por ser las más importantes?

ANALICE LA HISTORIA

JESÚS SUFRIÓ

Sabemos por las Escrituras que Jesús experimentó el sufrimiento físico en la cruz como una parte necesaria para reconciliar a la humanidad con Dios. Sin embargo, también es importante reconocer las muchas otras formas del sufrimiento que Jesús padeció para nuestro beneficio:

- **Jesús sufrió soledad.** Jesús estaba solo en un ambiente hostil a Su manera de pensar y contrario a Su composición espiritual. Él era diferente a todos lo que lo rodeaban, incluyendo a Sus familiares más cercanos.

- **Jesús sufrió anonimato.** Él pasó los primeros 30 años de Su vida inadvertido, sin renombre e ignorado por Su comunidad (vea Marcos 6:4). Su decisión de sufrir el anonimato solo se puede apreciar de verdad cuando se ve a la luz de la exaltación que Él, justamente, merecía como Dios.

- **Jesús sufrió rechazo.** A lo largo de Su ministerio público la gente amenazó a Jesús, intentó intimidarlo y hasta lo expulsaron de sus comunidades. Al final de Su ministerio Sus amigos más cercanos lo abandonaron y los mismos que Él vino a salvar lo mataron.

- **Jesús sufrió desprecio.** A Jesús lo criticaron, lo acusaron de realizar actividades demoníacas, lo calumniaron, se confabularon contra Él, lo interrogaron, se burlaron, lo escupieron, lo abofetearon, lo acusaron falsamente y le pegaron hasta casi matarlo. Lo insultaron hasta cuando estaba en la cruz mientras sufría antes de Su muerte. Sin embargo, Él no se vengó contra las personas diabólicas ni devolvió sus ásperas palabras.

¿Cómo reacciona usted después de saber cómo Jesús sufrió esas cosas y muchas más?

¿Qué efecto tiene en su vida el sufrimiento de Jesús?

A Jesús nunca se le dio la manera de escapar del sufrimiento humano. Él padeció todo el dolor y la indignidad común en la vida humana de nuestro mundo, sin mencionar el tormento espiritual que incluyó cargar todo el peso de nuestros pecados. Sin embargo, Jesús mostró Su poder al pasar victoriosamente todo Su sufrimiento, hoy Su ejemplo nos inspira a esforzarnos para hacer lo mismo.

> Jesús mostró Su poder al pasar victoriosamente todo Su sufrimiento. Hoy Su ejemplo nos inspira a esforzarnos para hacer lo mismo.

EL SACRIFICIO DE JESÚS

El símbolo de la cruz puede significar diferentes cosas para diferentes personas. Para algunos, la cruz es una ofensa, un símbolo de una religión que ellos eligen negar. Otros la ven como un signo de rescate o redención. También hay quienes la ven como un recuerdo o símbolo de pérdida. Para cualquier persona en el tiempo de Jesús, la cruz no era nada más que un instrumento de vergüenza, tortura y ejecución. Para Jesús, en específico, la cruz no fue solo una responsabilidad con dolor y humillación, también fue una sentencia de sacrificio máximo, una sentencia que de manera voluntaria Él escogió sin claudicar a Su resuelta obediencia al Padre.

Jesús hizo dos elecciones fundamentales en Su obediencia a Dios. Y usted también debe tomar esas decisiones mientras busca vivir como un discípulo de Cristo en este mundo.

Primero, usted debe escoger negarse a sí mismo. Negarse a sí mismo significa dejar o entregarle a Jesús todo lo que tiene y todo lo que es. La administración de la vida humana inevitablemente interferirá con los derechos del dominio divino. Por lo tanto, vivir como un discípulo de Cristo significa continuamente decidir postergar o incluso abandonar sus planes, sus intereses, sus deseos, sus esperanzas y sus sueños para seguir los planes y los intereses de Jesús para el mundo.

¿Dónde experimenta con frecuencia una diferencia entre sus deseos y los planes de Dios?

Segundo, usted debe elegir tomar su propia cruz. Mientras que la cruz fue una vez un símbolo de muerte, ahora señala cómo Jesús obedeció fielmente la voluntad de Dios. Jesús hizo un sacrificio voluntario. Como un discípulo de Él, usted debe hacer el mismo sacrificio. Al poner a un lado el control de su vida, usted debe tomar y realizar cualquier trabajo para el que Dios le llame.

Jesús hizo un sacrificio voluntario. Como un discípulo de Él, usted debe hacer el mismo sacrificio.

¿Cómo describiría la obra que Jesús le ha llamado a hacer?

Los discípulos de Jesús deben negarse a sí mismo y tomar su cruz. ¿De qué manera se ha comprometido en estas decisiones importantes en su vida?

Cristo vino a morir

COMPROMÉTASE

Muchos cristianos se sienten cómodos con la teoría de rendirse a Dios o someterse a Su voluntad. Comprendemos por qué debemos rendirnos, y estamos de acuerdo en que someternos es importante. Pero a veces olvidamos que el sometimiento genuino incluye un acto consciente. *Rendir* es un verbo.

En otras palabras, para negarnos a nosotros mismos y tomar nuestra cruz, realmente tenemos que hacer algo.

Use dos o tres minutos para reflexionar en privado acerca de una acción o paso que pueda dar para someterse intencionalmente a la voluntad de Dios.

Como grupo, repitan Salmo 37:5-9 como una manera de afirmar su compromiso a rendirse.

> ⁵ Encomienda a Jehová tu camino,
> Y confía en él; y él hará.
> ⁶ Exhibirá tu justicia como la luz,
> Y tu derecho como el mediodía.
>
> ⁷ Guarda silencio ante Jehová, y espera en él.
> No te alteres con motivo del que prospera en su camino,
> Por el hombre que hace maldades.
>
> ⁸ Deja la ira, y desecha el enojo;
> No te excites en manera alguna a hacer lo malo.
> ⁹ Porque los malignos serán destruidos,
> Pero los que esperan en Jehová,
> ellos heredarán la tierra.
> **Salmos 37:5-9**

PETICIONES DE ORACIÓN

....
....
....
....

1. Charles Dickens, *A Tale of Two Cities* (Mineola, NY: Dover Publications, 1999), 1 y 293.

ACTIVIDADES DE CADA SEMANA

Además de estudiar la Palabra de Dios, trabaje con el líder de su grupo para crear un plan de estudio, adoración y aplicación desde este momento hasta la próxima sesión. Seleccione las siguientes actividades opcionales según su preferencia y el tiempo que tenga disponible.

⬆ Adoración

☑ Lea su Biblia. Cada día, realice el plan de lectura que aparece en la página 44.

☐ Comuníquese diariamente con Dios mediante la oración.

☐ Pase tiempo con Dios. Use la guía que aparece en la página 45.

➡⬅ Estudio personal

☐ Lea y estudie la sección "Jesús nos llama a sufrir", página 46.

☐ Lea y estudie la sección "Jesús nos llama a hacer sacrificios", página 48.

⬅➡ Aplicación

☐ A lo largo de esta semana pídale a Dios que le revele cualquier rebelión sutil o actitud en su vida que puedan estar evitando que usted se rinda a Él por completo. Pida perdón y purificación (vea 1 Juan 1:8-9).

☐ Memorice Filipenses 1:29: "Porque a vosotros os es concedido a causa de Cristo, no sólo que creáis en él, sino también que padezcáis por él".

☐ Sea intencional esta semana buscando el gozo. Incluso mientras considera sufrir a la luz del evangelio, también escoja disfrutar de las bendiciones que Dios le ha dado.

☐ Sea también intencional bendiciendo a otros esta semana. Esté alerta en cuanto aquellos que están en medio del sufrimiento, y dé pasos para mostrar bondad.

☐ Otro:

↑ ADORACIÓN

PLAN DE LECTURA

Esta semana lea los siguientes pasajes en el libro de Hechos. Utilice el espacio en blanco para anotar sus ideas y comentarios.

Día 1
Hechos 9:1-19

Día 2
Hechos 9:20-43

Día 3
Hechos 10:1-16

Día 4
Hechos 10:17-48

Día 5
Hechos 11:1-18

Día 6
Hechos 11:19-30

Día 7
Hechos 12:1-25

EL SUFRIMIENTO DE NUESTRO AMIGO

Parece extraño decirlo, pero recibimos muchas bendiciones debido al sufrimiento que Jesús padeció. Es obvio que la más importante de esas bendiciones es que nos ofrezcan una oportunidad de experimentar el perdón de nuestros pecados y disfrutar la reconciliación con Dios en esta vida, sin mencionar la promesa de la vida eterna en el cielo durante la vida que vendrá.

Pero no debemos pasar por alto las bendiciones adicionales que el sufrimiento de Jesús nos proporciona. Por ejemplo, el hecho que Jesús experimentara la vida en toda su extensión en nuestro mundo significa que Él está familiarizado con todo lo que nosotros experimentamos en nuestra vida. Él puede sentir empatía por nosotros.

Este es uno de los mensajes principales en el libro de Hebreos:

> [14] Por tanto, teniendo un gran sumo sacerdote que traspasó los cielos, Jesús el Hijo de Dios, retengamos nuestra profesión. [15] Porque no tenemos un sumo sacerdote que no pueda compadecerse de nuestras debilidades, sino uno que fue tentado en todo según nuestra semejanza, pero sin pecado. [16] Acerquémonos, pues, confiadamente al trono de la gracia, para alcanzar misericordia y hallar gracia para el oportuno socorro.
> **HEBREOS 4:14-16**

> [7] Y Cristo, en los días de su carne, ofreciendo ruegos y súplicas con gran clamor y lágrimas al que le podía librar de la muerte, fue oído a causa de su temor reverente. [8] Y aunque era Hijo, por lo que padeció aprendió la obediencia; [9] y habiendo sido perfeccionado, vino a ser autor de eterna salvación para todos los que le obedecen;
> **HEBREOS 5:7-9**

Tome un momento para orar y dar gracias a Dios por el sufrimiento que Jesús padeció por nosotros.

Mientras contempla la realidad del sufrimiento de Jesús, permítase ser vulnerable y honesto acerca de sus propias luchas. Pida ayuda para continuar viviendo para la gloria de Dios, incluso durante el sufrimiento.

ESTUDIO PERSONAL 1

JESÚS NOS LLAMA A SUFRIR

Es importante entender que los discípulos de Jesús no acapararon todo el sufrimiento. Todas las personas sufren, y es cierto que los cristianos debieran diferir del resto del mundo en términos de su reacción al sufrimiento. Mientras que muchas personas sufren sin esperanzas, de manera desesperada, o amargamente, los cristianos sufren con un propósito.

Específicamente sufrimos por la propagación del evangelio y por el progreso del bien.

¿Cómo ha cambiado a través de las diferentes etapas de su vida su respuesta al sufrimiento?

Tal vez el apóstol Pablo sea el mejor ejemplo que tenemos en la Biblia acerca del sufrimiento por la propagación del evangelio. Los escritos de Pablo enseñan a los creyentes de todas las edades que no solo se nos ha dado el don glorioso de creer en Cristo, sino que además estamos dotados con el privilegio de sufrir por Él (vea Filipenses 1:29). Aunque nunca sufrimos por redimir al mundo, ya Cristo lo logró, sufrimos como parte de nuestros esfuerzos por alcanzar al mundo con el mensaje del evangelio.

Lea los siguientes pasajes de las Escrituras y escriba lo que enseñan acera del sufrimiento por compartir el evangelio.

Filipenses 3:7-9

Colosenses 1:24-26

2 Timoteo 1:8-12

Pablo estaba dispuesto a ir dondequiera y sufrir cualquier persecución por el privilegio de llevar el mensaje de Dios acerca de Cristo. Por eso Pablo fue golpeado y apedreado, también naufragó, lo apresaron, se privó de dormir, tuvo hambre, sed, frío y le faltó la ropa adecuada (2 Corintios 11:24-28). Eventualmente fue martirizado.

Lea Filipenses 1:12-18. ¿Cómo resumiría usted las conclusiones de Pablo acerca de su propio sufrimiento?

Cuando Pablo escribió la epístola a los Filipenses, estaba preso en Roma. Lo habían tildado de criminal, y él sabía que eso podría hacer que algunos se sintieran avergonzados de Él o que lo abandonaran, o peor, que las personas dejaran de participar activamente en la iglesia.

Pablo quería que la iglesia de Filipos tuviera la perspectiva apropiada sobre el problema que estaba experimentando. No era algo de lo cual estar avergonzado o desanimado. Él quería que ellos supieran no solo que Dios estaba obrando en las circunstancias de su encarcelamiento, sino cómo Dios estaba obrando. Él quería que ellos comprendieran cómo Dios usa nuestros sufrimientos y las circunstancias peligrosas, tensas, desgarradoras y amenazadoras en nuestras vidas, para llevar el evangelio a aquellos que no lo conocen a Él y para fortalecer a otros que podrían llegar a ser más audaces para testificar de Él.

Dios puede usar su sufrimiento como un medio para traer bien a su vida y a la vida de otros. No siempre nos gusta pensar en esto, pero es cierto. Cualquier cosa que Dios permita que le pase a usted, Él también determinará cuál será su uso para atraer a otros a Él y cumplir Sus propósitos. Las circunstancias en su vida que le han entorpecido, le han molestado o frustrado realmente pueden amplificar Su presencia y poder a los ojos de aquellos que lo rodean. Saber esto no hace que esas circunstancias sean más divertidas, pero le pueden ayudar a sufrir con un propósito y una determinación.

¿Cuándo ha visto que un sufrimiento personal haya dado por resultado algo bueno?

Lea Filipenses 1:21-30. ¿Qué principios ofrece Pablo en estos versículos por padecer un sufrimiento con propósito?

A medida que vivamos nuestra fe de la mejor manera que nos sea posible, experimentaremos el sufrimiento. Sin embargo, no necesitamos estar destruidos por el sufrimiento, por el poder de Dios lo podemos resistir. Podemos vivir con un propósito sabiendo que Dios puede usar nuestros sufrimientos para propagar el mensaje del evangelio y hacer que la causa del bien progrese en este mundo.

➡ ⬅ ESTUDIO PERSONAL 2

JESÚS NOS LLAMA A HACER SACRIFICIOS

No hay forma de evitar la verdad: Vivir como discípulos de Jesús requerirá que hagamos sacrificios. Y vamos a ser claros, no estamos hablando acerca de sacrificios generales como renunciar al placer de la inmoralidad o dejar pasar la oportunidad de llegar a ser ricos. En su lugar, los sacrificios que hagamos para seguir a Jesús serán reales y concretos.

Lea los siguientes pasajes de las Escrituras y escriba qué enseñan acerca de hacer sacrificios para seguir a Jesús.

Mateo 10:37-39

Mateo 16:24-27

Lucas 9:57-62

Lucas 14:31-33

Profundicemos en los tipos de sacrificios que se requieren para seguir a Jesús.

Primero, los seguidores de Jesús deben sacrificar sus posesiones. Aunque Dios no nos prohíbe poseer cosas, Él quiere estar seguro de que las cosas no nos poseen a nosotros. Para asegurarnos que Jesús tiene el primer lugar en nuestros corazones, debemos desligarnos de nuestro amor por las cosas que poseemos. Debemos ser capaces de abandonar las posesiones materiales y los bienes siempre que Dios nos guíe a hacerlo.

¿Cuáles son algunas de sus posesiones más preciadas?

Siguiente, los seguidores de Jesús deben sacrificar las relaciones. Dios no debe tener rivales por nuestro afecto. Si alguna vez nos vemos forzados a escoger entre honrar a Dios y honrar a nuestros seres queridos, debemos estar listos para escoger a Dios inequívocamente. Debemos negarle la autoridad de dictar nuestra dirección a quienes se interpongan en el camino de los intereses de Dios en nuestra vida o traten de desanimarnos para que no lo obedezcamos. Dios, y solo Dios, debe ser nuestra relación más sagrada.

> *¿Qué síntomas indican que una de sus relaciones personales está tomando precedencia sobre su relación con Dios?*

Además, los seguidores de Jesús deben sacrificar sus planes. Habrá momentos en que seguir a Jesús requiera que sacrifiquemos nuestros planes en favor de los planes de Dios. Él se reserva el derecho de cambiar cualquiera de nuestros planes, incluyendo nuestros planes familiares, de vacaciones, de educación, de jubilación, financieros e incluso nuestros planes para el almuerzo. Los seguidores de Jesús tenemos que dejar humildemente que Dios ordene nuestros pasos dándole a Él la autoridad sobre cada plan (vea Santiago 4:13-15). Diariamente sometemos a Él nuestras intenciones, entregamos nuestra manera de hacer las cosas y adoptamos Su manera, sometiendo a Él nuestras ambiciones y metas futuras.

> *¿Cómo le someterá a Dios, intencionalmente, sus planes a corto y a largo plazo?*

Finalmente, los seguidores de Jesús deben sacrificar sus posiciones. Entregar sus posiciones significa estar listo a descender de cualquier rango que creamos haber logrado o levantarse de cualquier descanso que creamos haber ganado para cumplir con la agenda actual de Dios. Esto requiere renunciar a cualquier honor o papel que tengamos, y en su lugar, cedérselo a Jesús, a quien debemos honrar por encima de nosotros (vea Juan 3:30). Esto requiere negarse a usar la posición que Dios nos ha dado en el cuerpo de Cristo o cualquier estatus social, para obtener una ventaja personal y en su lugar solo usarla para el bien público como un siervo de los demás (vea Lucas 22:27).

> *¿Qué pasos puede usted tomar en preparación para cualquier cambio de posición, localidad o estatus que Dios pudiera pedirle?*

SESIÓN 4
NOSOTROS MORIMOS CON CRISTO

Morir a uno mismo es el primer paso para seguir a Jesús.

COMIENCE

REFLEXIONE

Vimos en la sesión anterior que Jesús sufrió de manera voluntaria y se sacrificó a Sí mismo para proveerle a la humanidad un camino para que pudiera reconciliarse con Dios. También vimos que seguir a Jesús como un discípulo Suyo, significa abrazar nuestro llamado para sufrir y sacrificarnos, todo por seguir compartiendo el mensaje del evangelio y hacer que el Reino de Dios progrese en este mundo.

Este es el momento de cambiar el énfasis de este estudio. Hemos visto que Jesús vino a nosotros, que Él vino con una misión y que murió voluntariamente para beneficiarnos a nosotros. Comenzando con el material de esta sesión, daremos una mirada más profunda a lo que significa para nosotros seguir un patrón similar.

¿Cuál de las tareas estudió esta semana? ¿Cómo le fue?

¿Qué aprendió o experimentó al leer la Biblia?

¿Qué preguntas le gustaría hacer?

ORE

Deténgase un momento para orar, ya sea individualmente o como un grupo:

- Tome un momento para pensar en silencio en la primera mitad de este estudio. Cuéntele a Dios lo que ha aprendido acerca de usted mismo y acerca de Su Palabra.

- Dé gracias a Dios por la oportunidad de relacionarse con Jesús y la realidad de Su sacrificio por medio de su propia experiencia al morir a sí mismo.

- Pida al Espíritu Santo que le revele cualquier cosa que pudiera estar entorpeciendo su andar con el Señor Jesucristo.

INTRODUCCIÓN

¿Con qué frecuencia la gente piensa en la muerte? O, ¿con qué frecuencia la gente debiera pensar en la muerte? Las respuestas a estas preguntas pueden cambiar según la perspectiva de cada uno.

Cuando usted piensa en esto, desde un punto de vista personal, la muerte es una experiencia única en la vida. Desde luego, todas las personas mueren, pero solamente experimentamos la muerte una vez, y es el final de nuestras vidas. Por lo tanto, son pocas las personas que alguna vez piensan en la muerte. Parece ser algo que está muy lejos.

Sin embargo, cuando usted piensa en estas preguntas desde un punto de vista global, la muerte puede parecer muy cercana. Después de todo, más de 150,000 personas mueren todos los días alrededor del mundo, y más de 50 millones de personas mueren cada año. Entonces, tal vez también sea natural para la gente pensar todo el tiempo en la muerte.

¿Cuán a menudo piensa usted en la muerte?

¿Qué emociones siente cuando piensa en la muerte?

Aunque es muy extraño para los discípulos de Jesús, tiene sentido pensar en la muerte más que otros en el mundo. Eso se debe a que la muerte es exactamente lo que cuesta seguir a Jesús. Este precio por lo general no incluye la muerte física en la sociedad occidental, aunque incluso hoy, hay muchos mártires alrededor del mundo por la causa de Cristo.

Por el contrario, el precio de seguir a Jesús incluye la muerte a uno mismo. Como vimos en la sesión anterior, debemos tener control de nuestra vida para tomar nuestra cruz y seguir a Jesús. Debemos sacrificar nuestros planes y prioridades para seguir y obedecerlo a Él como nuestro Señor.

Como veremos en esta sesión, nuestra experiencia de morir a nosotros mismos es un fenómeno de una vez y un requisito continuo.

LA HISTORIA

CONOZCA LA HISTORIA

Lucas dejó constancia, en el capítulo 14 de su Evangelio, de esa gran multitud que seguía a Jesús, al parecer por razones equivocadas. Ellos estaban maravillados con Sus milagros: alimentar a la multitud, sanar a los enfermos y echar fuera demonios, pero ellos no estaban comprometidos con Su misión. Fue entonces que Jesús les dio algo nuevo en que pensar:

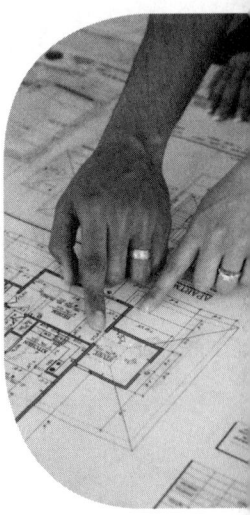

> 25 Grandes multitudes iban con él; y volviéndose, les dijo: 26 Si alguno viene a mí, y no aborrece a su padre, y madre, y mujer, e hijos, y hermanos, y hermanas, y aun también su propia vida, no puede ser mi discípulo. 27 Y el que no lleva su cruz y viene en pos de mí, no puede ser mi discípulo.
>
> 28 Porque ¿quién de vosotros, queriendo edificar una torre, no se sienta primero y calcula los gastos, a ver si tiene lo que necesita para acabarla? 29 No sea que después que haya puesto el cimiento, y no pueda acabarla, todos los que lo vean comiencen a hacer burla de él, 30 diciendo: Este hombre comenzó a edificar, y no pudo acabar.
>
> 31 ¿O qué rey, al marchar a la guerra contra otro rey, no se sienta primero y considera si puede hacer frente con diez mil al que viene contra él con veinte mil? 32 Y si no puede, cuando el otro está todavía lejos, le envía una embajada y le pide condiciones de paz. 33 Así, pues, cualquiera de vosotros que no renuncia a todo lo que posee, no puede ser mi discípulo.
>
> **LUCAS 14:25-33**

¿Cómo reaccionaría si escuchara estas palabras, siendo usted parte de la multitud que seguía a Jesús?

¿Cómo resumiría lo dicho por Jesús en los versículos 28-32?

ANALICE LA HISTORIA
ES NECESARIO MORIR A UNO MISMO

Parece ser propio de la naturaleza humana, reaccionar negativamente cuando la gente nos pide que hagamos algo. Como es natural, nos rebelamos o nos resistimos cuando nos dan órdenes. Preferimos una situación en la que nuestras necesidades y deseos se satisfagan primero. Incluso entonces, nos gusta que se nos pida de una manera agradable. Si se satisfacen esas condiciones, y si se nos pide de una manera cortés para nosotros, entonces lo consideraremos.

Así no es Jesús. De hecho, lo único que Jesús quiere de nosotros es todo. Note los tres usos que Jesús da a oración: "no puede", en Lucas 14:

- *"Si alguno viene a mí, y no aborrece a su padre, y madre, y mujer, e hijos, y hermanos, y hermanas, y aun también su propia vida, no puede ser mi discípulo (v. 26).* Esta es una frase comparativa que básicamente significa nuestro amor y devoción a Jesús vienen primero y por encima de cualquier otra relación humana. Nuestra lealtad a Jesús hace que cualquier otra lealtad sea insignificante.

- *"Y el que no lleva su cruz y viene en pos de mí, no puede ser mi discípulo (v. 27).* ¿Qué significa llevar su propia cruz? Dicho de una manera muy sencilla, significa que usted debe morir a sí mismo. Jesús murió en la cruz por nosotros y para seguirlo nosotros verdaderamente debemos seguirlo en esa muerte. Debemos morir a nuestros deseos, planes y prioridades.

- *"Así, pues, cualquiera de vosotros que no renuncia a todo lo que posee, no puede ser mi discípulo (v. 33).* Esta no es una comparación análoga. Esto no es un simbolismo. Cuando usted sigue a Jesús, no es dueño de nada ni posee nada, excepto a Jesús.

Para seguir a Jesús, usted debe desear morir a sí mismo de manera que pueda vivir para Él.

¿Qué preguntas o preocupaciones vienen a su mente cuando lee la lista anterior? ¿Por qué?

¿Qué influencia tienen los versículos anteriores en nuestra rutina diaria como seguidores de Jesús?

Para seguir a Jesús, usted debe desear morir a sí mismo de manera que pueda vivir por Él. Este es el fundamento para la vida como Sus discípulos.

MORIR A UNO MISMO TRAE VIDA EN CRISTO

Realmente hay dos maneras de experimentar la muerte como seguidores de Jesús. La primera es la muerte a nuestro "viejo ser":

> ¹⁹ Porque yo por la ley soy muerto para la ley, a fin de vivir para Dios. ²⁰ Con Cristo estoy juntamente crucificado, y ya no vivo yo, mas vive Cristo en mí; y lo que ahora vivo en la carne, lo vivo en la fe del Hijo de Dios, el cual me amó y se entregó a sí mismo por mí.
> GÁLATAS 2:19-20

La muerte es la manera en la que a menudo nos referimos a la salvación. Esto sucede una vez y mediante esta nos convertimos en una "nueva criatura" (2 Corintios 5:17). La vieja criatura se fue, y la nueva ha llegado. No es de sorprenderse que esta forma de morir sea la más fácil de las dos.

¿Qué beneficios ha experimentado usted mediante el proceso de morir con Cristo?

La segunda manera en la que experimentamos la muerte como seguidores de Jesús es mediante el proceso de morir a nosotros mismos. Y la palabra proceso es importante porque a diferencia de la experiencia de volver a nacer como una nueva creación, morir a uno mismo no es un hecho que ocurre una sola vez. Como ya hemos visto, es un peregrinaje de toda la vida que incluye dejar ir nuestros planes, prioridades y posesiones. En otras palabras, morir a uno mismo es la disciplina diaria de dejar el control de nuestra vida y someternos al control de Jesús.

Morir a sí mismo es la disciplina diaria de liberar el control de nuestra vida y someternos al control de Cristo.

¿Está usted de acuerdo en que el hecho de morir una sola vez con Cristo es más fácil que el proceso continuo de morir a uno mismo? Explique.

¿Cómo ha experimentado la lucha de morir a usted mismo?

Por raro que parezca, nuestra experiencia con la muerte, como seguidores de Jesús, no son en ninguna forma, negativas ni morbosas. De hecho, morir con Cristo y morir a nosotros mismos a diario, son señales clave en el camino hacia una nueva vida.

COMPROMÉTASE

De alguna manera, el concepto de "morir a uno mismo" es abstracto. Por lo general, no nos levantamos por la mañana y decimos: "En el día de hoy voy a trabajar en morir a mí mismo. Comenzaré exactamente después del desayuno". Por el contrario, participamos en el proceso de morir a uno mismo mediante varias disciplinas personales que nos ayudan a renunciar al control de nuestro horario, nuestros recursos, nuestras prioridades, etc.

Pase unos minutos con el grupo revisando las siguientes disciplinas espirituales. Use estas preguntas para ayudar a motivar los comentarios de cada disciplina: 1) ¿Cómo describiría usted su experiencia con esta disciplina? 2) ¿Cómo esta disciplina le ayuda a morir a sí mismo?

Oración

Lectura de la Palabra de Dios

Ayuno

Llevar un diario

Soledad

Guardar el Sabat

Diezmar

PETICIONES DE ORACIÓN

....
....
....
....
....
....

ACTIVIDADES DE CADA SEMANA

Además de estudiar la Biblia, trabaje con el líder de su grupo para crear un plan de estudio, adoración y aplicación desde este momento hasta la próxima sesión. Seleccione las siguientes actividades opcionales según su preferencia y el tiempo que tenga disponible.

⬆ Adoración

- ☑ Lea su Biblia. Cada día, realice el plan de lectura que aparece en la página 58.
- ☐ Comuníquese diariamente con Dios mediante la oración.
- ☐ Pase un tiempo con Dios. Use la guía que aparece en la página 59.

➡⬅ Estudio personal

- ☐ Lea y estudie la sección "Morir a uno mismo esclarece las prioridades", en la página 60.
- ☐ Lea y estudie la sección "Morir a uno mismo prepara para salir en misión", en la página 62.

⬅➡ Aplicación

- ☐ Esta semana comience un diario escribiendo los momentos en los que a usted lo confronta su "viejo ser". Note las diferentes provocaciones y tentaciones que hacen necesario que usted vuelva a morir a sí mismo.
- ☐ Memorice 2 Corintios 5:17: "De modo que si alguno está en Cristo, nueva criatura es; las cosas viejas pasaron; he aquí todas son hechas nuevas".
- ☐ Haga una lista de sus metas espirituales para el próximo mes. ¿Qué espera lograr o terminar como parte de su nueva vida en Cristo?
- ☐ Busque oportunidades para ser vulnerable con otros en cuanto a su "viejo ser" y los viejos errores. Desde luego, no hay necesidad de ostentar el pasado, pero nuestra honestidad, a menudo puede ayudar a esos que creen que a los discípulos de Jesús se les exige ser perfectos.
- ☐ Otro:

ADORACIÓN

PLAN DE LECTURA

Esta semana lea los siguientes pasajes en el libro de Hechos. Utilice el espacio en blanco para anotar sus ideas y comentarios.

Día 1
Hechos 13:1-41

Día 2
Hechos 13:42-52

Día 3
Hechos 14:1-28

Día 4
Hechos 15:1-41

Día 5
Hechos 16:1-24

Día 6
Hechos 16:25-40

Día 7
Hechos 17:1-34

SEPULTADO CON ÉL EN EL BAUTISMO

Desde los primeros días de la iglesia la ceremonia del bautismo ha servido como una manera para que los discípulos de Jesús testifiquen públicamente su fe en Cristo como Señor y Salvador. Esta es una doctrina vital con la cual todos los cristianos deben comprometerse después de su salvación con obediencia a las Escrituras. Por ejemplo:

> [19] Por tanto, id, y haced discípulos a todas las naciones, bautizándolos en el nombre del Padre, y del Hijo, y del Espíritu Santo; [20] enseñándoles que guarden todas las cosas que os he mandado; y he aquí yo estoy con vosotros todos los días, hasta el fin del mundo. Amén.
> MATEO 28:19-20

El bautismo también es un perfecto cuadro de lo que significa morir a uno mismo, y es un recordatorio para que nosotros diariamente nos comprometamos con esa práctica:

> [1] ¿Qué, pues, diremos? ¿Perseveraremos en el pecado para que la gracia abunde? [2] En ninguna manera. Porque los que hemos muerto al pecado, ¿cómo viviremos aún en él? [3] ¿O no sabéis que todos los que hemos sido bautizados en Cristo Jesús, hemos sido bautizados en su muerte? [4] Porque somos sepultados juntamente con él para muerte por el bautismo, a fin de que como Cristo resucitó de los muertos por la gloria del Padre, así también nosotros andemos en vida nueva.
> ROMANOS 6:1-4

¿Quién entre sus amistades y familiares se beneficiaría al obedecer las Escrituras y ser bautizado?

¿Cómo puede aprovechar los servicios con bautismos en su iglesia como una oportunidad para adorar a Dios?

¿Qué aprecia más acerca de la oportunidad de "caminar en una nueva dirección en la vida"?

MORIR A UNO MISMO ESCLARECE LAS PRIORIDADES

¿Cuál es su prioridad principal en la vida? Los seguidores de Jesús saben que Dios debe ser su prioridad principal, pero siempre servirá de ayuda revisar la trayectoria reciente de su vida y asegurarse que ese sea el caso.

Por ejemplo, ¿ha utilizado una gran cantidad de tiempo y energía para obtener dinero? ¿O posesiones? ¿A veces sueña con obtener fama, o idolatra a quienes la han obtenido? ¿Ha basado su concepto de la autoestima en otro ser humano? ¿O en su posición o estatus como profesional? ¿Lucha por tener poder? ¿Emplea mucha energía buscando estar en control? Todo esto ha probado ser efectivo para usurpar el lugar de Dios, como la prioridad más importante en nuestras vidas.

¿Cómo describiría su prioridad principal en los meses recientes?

¿Cuáles son algunas señales o síntomas que aparecen en su vida cuando deja que Dios sea su prioridad principal?

Como hemos visto a lo largo de esta sesión, recuperar el énfasis en morir a uno mismo es una manera excelente de elevar a Dios y a Su Reino como nuestro objetivo principal. Las Escrituras también explican con claridad que morir a uno mismo es un elemento necesario para alejarnos de los hábitos y patrones pecaminosos que se plantean a continuación:

> ² Poned la mira en las cosas de arriba, no en las de la tierra. ³ Porque habéis muerto, y vuestra vida está escondida con Cristo en Dios. ⁴ Cuando Cristo, vuestra vida, se manifieste, entonces vosotros también seréis manifestados con él en gloria. ⁵ Haced morir, pues, lo terrenal en vosotros: fornicación, impureza, pasiones desordenadas, malos deseos y avaricia, que es idolatría; ⁶ cosas por las cuales la ira de Dios viene sobre los hijos de desobediencia, ⁷ en las cuales vosotros también anduvisteis en otro tiempo cuando vivíais en ellas. ⁸ Pero ahora dejad también vosotros todas estas cosas: ira, enojo, malicia, blasfemia, palabras deshonestas de vuestra boca. ⁹ No mintáis los unos a los otros, habiéndoos despojado del viejo hombre con sus hechos, ¹⁰ y revestido del nuevo, el cual conforme a la imagen del que lo creó se va renovando hasta el conocimiento pleno.
> **COLOSENSES 3:2-10**

¿Cuál es su reacción inicial al leer este pasaje?

¿Cuáles son algunos hábitos o prácticas que necesita "hacer morir" en su diario vivir?

¿Cuáles son algunos hábitos o prácticas que le ayudarán a estar "revestido del nuevo" ser?

Antes de Cristo usted hacía lo que quería hacer. Antes de Cristo usted viajaba a donde quería ir. Antes de Cristo usted tomaba las decisiones finales en todos los aspectos de su vida, o por lo menos usted creyó hacerlo. Ahora que ha experimentado a Cristo, usted tiene un nuevo Maestro. Y el llamado constante de las Escrituras es que usted abrace Su autoridad para establecer el plan para su vida.

Lea los siguientes pasajes de las Escrituras y escriba lo que le enseñan acerca del proceso y los beneficios de morir a sí mismo.

Romanos 12:1-2

Gálatas 5:22-26

2 Timoteo 2:8-13

Seguir a Jesús como el Señor significa morir a todo lo que queremos y procurar descubrir y obedecer todo lo que Él quiere. Significa que Cristo tiene la palabra final en los asuntos y direcciones de nuestra vida. Él es nuestro Salvador, y Él es nuestro Señor porque al final Él es el Rey de reyes y Señor de señores.

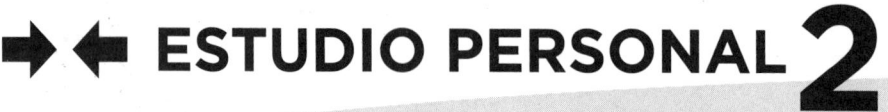

ESTUDIO PERSONAL 2

MORIR A UNO MISMO PREPARA PARA SALIR EN MISIÓN

Dedique un momento para revisar los asuntos más importantes que usted ha analizado hasta aquí en este estudio:

- **Sesión 1:** Jesucristo es nuestra salvación. Sus discípulos sirven como testigos de esa salvación.
- **Sesión 2:** Jesús vino a servir a Dios y librarnos. Jesús nos llama a servir a Dios y servir a los demás.
- **Sesión 3:** Jesús sufrió y se sacrificó. Jesús nos llama a sufrir y a sacrificarnos por los demás.

Usted puede ver el patrón que se ha desarrollado a lo largo de este estudio. Cada vez que Dios alcanza nuestro mundo para bendecirnos de alguna manera, Él nos llama no para amontonar esas bendiciones, sino para extenderlas a otros.

¿Cuáles son algunas de las principales maneras en las que Dios le ha bendecido?

¿Qué pasos ha tomado para extender esas bendiciones a otros?

Este mismo principio es cierto para la bendición (y responsabilidad) que hemos descrito en esta sesión como morir a uno mismo. Hemos visto que morir a uno mismo nos ayuda a mantenernos concentrados en Dios y tenerlo a Él como nuestra prioridad principal. El apóstol Pablo nos recuerda este principio en 2 Corintios:

> ^{14} Porque el amor de Cristo nos constriñe, pensando esto: que si uno murió por todos, luego todos murieron; ^{15} y por todos murió, para que los que viven, ya no vivan para sí, sino para aquel que murió y resucitó por ellos.
> **2 CORINTIOS 5:14-15**

¿Cómo se conectan estos versículos con el concepto de morir a uno mismo?

Pero debemos recordar que el propósito de morir a uno mismo va más allá de sencillamente beneficiarnos a nosotros mismos. Realmente, cuando nos situamos en armonía con Dios, nos unimos a Él en Su misión para redimir el mundo. Observe cómo Pablo continuó su línea de pensamiento:

> ¹⁶ De manera que nosotros de aquí en adelante a nadie conocemos según la carne; y aun si a Cristo conocimos según la carne, ya no lo conocemos así. ¹⁷ De modo que si alguno está en Cristo, nueva criatura es; las cosas viejas pasaron; he aquí todas son hechas nuevas. ¹⁸ Y todo esto proviene de Dios, quien nos reconcilió consigo mismo por Cristo, y nos dio el ministerio de la reconciliación; ¹⁹ que Dios estaba en Cristo reconciliando consigo al mundo, no tomándoles en cuenta a los hombres sus pecados, y nos encargó a nosotros la palabra de la reconciliación. ²⁰ Así que, somos embajadores en nombre de Cristo, como si Dios rogase por medio de nosotros; os rogamos en nombre de Cristo: Reconciliaos con Dios.
> **2 CORINTIOS 5:16-20**

No se equivoque: morir a uno mismo es una bendición increíble. ¿Ha considerado el privilegio que es vivir como una "nueva criatura" (v. 17)? ¿Saber que su viejo ser ha muerto y que han venido nuevas cosas? ¡Usted se ha reconciliado con Dios! Una vez más usted vuelve a ser parte de Su Reino.

Por lo tanto, hay que esforzarse para evitar acaparar esa bendición.

Como discípulos de Jesucristo, Dios nos ha dado "el ministerio de la reconciliación" (v. 18). Desde luego, no tenemos la habilidad ni la autoridad para reconciliar a la gente con Dios, solo Él puede lograr esto. Sin embargo, Él nos ha reclutado para que ayudemos en el proceso, sirviendo como representantes del evangelio. Para usar la frase de Pablo, somos "embajadores de Cristo" y tenemos un rol específico en proclamar las buenas nuevas de la salvación. "Os rogamos en nombre de Cristo: Reconciliaos con Dios" (v. 20).

¿Qué tan confiado se siente en su papel como embajador de Cristo?

1	2	3	4	5	6	7	8	9	10
No confiado									Muy confiado

¿Qué pasos específicos puede dar para ser más activo en proclamar el mensaje del evangelio durante esta semana?

SESIÓN 5
VAMOS CON CRISTO

Jesús nos envía como discípulos
para que hagamos discípulos.

COMIENCE

REFLEXIONE

En la sesión anterior estudiamos la necesidad de morir a uno mismo como seguidores de Jesús. Vimos que morir a uno mismo significa poner a un lado nuestras prioridades, planes, sueños y deseos, para que las prioridades, planes, sueños y deseos de Jesús se conviertan en las nuestros. También aprendimos que la muerte a uno mismo, es tanto un hecho que ocurre una sola vez, así como una disciplina diaria.

Antes de comenzar un análisis más profundo de nuestra misión como seguidores de Jesús, tome un momento para comentar sus experiencias en días recientes.

¿Cuál de las tareas estudió esta semana? ¿Cómo le fue?

¿Qué aprendió o experimentó al leer la Biblia?

¿Qué preguntas le gustaría hacer?

ORE

Deténgase un momento para orar, ya sea individualmente o en el grupo:

- Dé gracias a Dios porque Él le ha bendecido con una misión y un propósito que es importante, tanto en este mundo como en el venidero.

- Pida a Dios que Su Espíritu Santo le dé discernimiento para ver el mundo como Él lo ve.

- Anuncie su disposición de participar en un viaje misionero como un embajador de Jesucristo.

INTRODUCCIÓN

El 12 de septiembre de 1962, el presidente John F. Kennedy pronunció un discurso histórico en la Universidad Rice, en Houston, TX, durante el cual le recordó a la audiencia la meta americana de hacer llegar un hombre a la luna y que regresara sano y salvo. Aquí está una parte de lo que dijo el Presidente:

> Decidimos ir a la luna. Decidimos ir a la luna en esta década y hacer las otras cosas, no porque fueran fáciles, sino porque eran difíciles, porque esa meta servirá para organizar y medir lo mejor de nuestras energías y habilidades, porque ese desafío es uno que estamos dispuestos a aceptar, uno que no queremos posponer y uno que intentamos ganar. Por esas razones creo que la decisión del año pasado de cambiar nuestros esfuerzos en el espacio de lento a veloz es una de las decisiones más importantes que se harán durante mi tiempo en el cargo de Presidente.[1]

Esta decisión de ir a la luna requirió enormes sacrificios, trabajo duro y valor. El programa Apolo en su punto culminante, empleó a cientos de miles de personas y requirió del apoyo de miles de firmas industriales y de universidades. En términos económicos, poner al primer astronauta en la luna le costó al gobierno de los E.U.A más de $25.4 billones de dólares.[2]

Y funcionó, el 20 de julio de 1969, la misión se completó cuando Neil Armstrong bajó del módulo lunar y dijo: "Esto es un pequeño paso para el hombre, y un salto gigante para la humanidad". La misión motivó y guió a una nación a lograr algo que todavía sigue siendo asombroso para el estándar de hoy día.

En su opinión, ¿cuáles son los logros más impresionantes en la historia de la humanidad?

La misión apropiada puede inspirar a las personas de manera asombrosa y motivarlas a ir mucho más allá de sus fuerzas para completar cualquier tarea que reciban. La misión del presidente Kennedy estimuló la imaginación y el sudor de todo el país. Sin embargo, incluso ese logro tan notable del esfuerzo humano palidece en comparación con la misión que Jesús le ha dado a Sus discípulos.

LA HISTORIA

CONOZCA LA HISTORIA

La Biblia recoge la misión de Jesús en varios pasajes, muchos de los cuales hemos estudiado en este libro. En cada caso vemos con claridad que la misión de Jesús ofrece una visión digna y de inspiración para Sus seguidores, una que requerirá enormes sacrificios, trabajo fuerte y valor de nuestra parte.

La expresión más famosa de la misión de Jesús se encuentra al final del Evangelio de Mateo en las palabras finales de Jesús a Sus discípulos. A los versículos 18-20 de Mateo capítulo 28 se les conoce como: "La Gran Comisión":

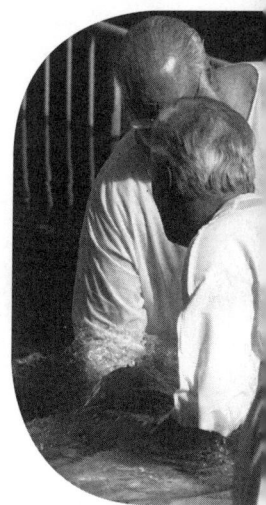

> ¹⁶ Pero los once discípulos se fueron a Galilea, al monte donde Jesús les había ordenado. ¹⁷ Y cuando le vieron, le adoraron; pero algunos dudaban.
>
> ¹⁸ Y Jesús se acercó y les habló diciendo: Toda potestad me es dada en el cielo y en la tierra. ¹⁹ Por tanto, id, y haced discípulos a todas las naciones, bautizándolos en el nombre del Padre, y del Hijo, y del Espíritu Santo; ²⁰ enseñándoles que guarden todas las cosas que os he mandado; y he aquí yo estoy con vosotros todos los días, hasta el fin del mundo. Amén.
>
> MATEO 28:16-20

Tome nota del versículo 17. ¿Cuándo ha dudado o ha estado confundido en cuanto a su lugar en la misión de Jesús?

¿Qué le ayuda a sentirse confiado acerca de Jesús y Su misión?

Esta fue la misión que guió a un grupo de hombres comunes y sin entrenamiento a lanzar la iglesia y colocar un fundamento para el éxito del cual todavía hoy nos estamos beneficiando. Sin embargo, esta misión no se entregó solo para los discípulos en los días de Jesús. Los versículos anteriores también describen nuestra misión principal como seguidores de Cristo dentro de la iglesia contemporánea.

En otras palabras, estos versículos son un resumen fundamental de su misión como un discípulo de Jesucristo.

ANALICE LA HISTORIA

LA MISIÓN DE JESÚS SE CUMPLIÓ

En la sesión 2 de este libro vimos que Jesús comenzó Su ministerio público anunciando los puntos principales de Su misión para el mundo. Jesús sorprendió a la gente de Su pueblo al proclamarse como el Mesías y prometer las buenas nuevas y la liberación del sufrimiento para todo el que lo necesitara.

Lea Lucas 4:16-20. ¿Cómo ha evolucionado su comprensión de la misión de Jesús por medio de este estudio?

Entonces, en un sentido, la misión de Jesús para el mundo ya se logró. Obedeciendo al Padre, Jesús vino a nuestro mundo, no solo para predicar las buenas nuevas y enseñar a la gente acerca del Reino del cielo, sino en última instancia para ofrecerse como un sacrificio para la expiación de nuestros pecados.

Esa misión ya terminó. En la cruz, Jesús terminó lo que vino a hacer:

> Cuando Jesús hubo tomado el vinagre, dijo: Consumado es. Y habiendo inclinado la cabeza, entregó el espíritu.
> **JUAN 19:30**

> En la cruz, Jesús terminó lo que vino a hacer.

Sin embargo, en un sentido, la misión de Jesús todavía está en marcha. Todavía hay trabajo que hacer, todavía hay personas en todo el mundo que ansían ser liberadas del sufrimiento. Todavía hay personas que necesitan escuchar las buenas nuevas del evangelio, entender esas nuevas y actuar para recibir el don del perdón que se les ofrece.

Aquí está nuestra parte:

> Entonces Jesús les dijo otra vez: Paz a vosotros. Como me envió el Padre, así también yo os envío.
> **JUAN 20:21**

¿Cuándo se ha sentido apasionado acerca de la evangelización?

NUESTRA MISIÓN PERMANENTE ES CRÍTICA

Cuando analizamos la Gran Comisión, palabra por palabra, encontramos tres aspectos importantes que guían nuestra misión como seguidores de Jesucristo:

1. **Nuestra misión es hacer discípulos.** No omita el mandamiento principal en la comisión de Jesús: "Por tanto, id, y haced discípulos a todas las naciones…" (Mateo 28:19). Nuestro primer paso al hacer discípulos es "ID" y relacionarnos con el mundo, en lugar de sentarnos y esperar que el mundo venga a la iglesia. No se ha establecido una norma para lo que quiere decir "*haced discípulos*", pero el proceso implica pregonar el evangelio, bautizar a quienes siguen a Jesús y enseñarles continuamente lo que significa vivir como Sus discípulos.

2. **Nuestra misión está basada en la autoridad de Jesús.** La primera declaración de Jesús a Sus discípulos fue crítica: "*Toda potestad me es dada en el cielo y en la tierra*" (v. 18). No hacemos discípulos porque sea algo correcto ni tampoco porque queremos que la gente vaya al cielo. Más bien, hacemos discípulos porque Jesús, el Señor, Maestro y Rey de todo el universo, nos ha mandado a hacerlo.

3. **Nuestra misión incluye la presencia de Jesús.** Muchas personas pasan por alto el versículo 20 cuando se refieren a la Gran Comisión, pero las palabras finales de Jesús son cruciales: "*he aquí yo estoy con vosotros todos los días, hasta el fin del mundo*". No solo nos comprometemos con nuestra misión bajo la autoridad de Jesús, sino también con Su presencia. No estamos llamados a ir solos o abandonados para resolverlo todo por nuestra cuenta. En cambio, disfrutamos el privilegio de tener encuentros diarios con Jesús, incluso, mientras trabajamos para lograr la misión que Él nos ha dado.

¿Cómo describe usted lo que significa "haced discípulos"?

¿Qué preguntas le gustaría hacer acerca del proceso de hacer discípulos?

¿En qué aspectos le gustaría mejorar como un hacedor de discípulos?

> Estamos llamados a hacer discípulos de Jesucristo para participar en el desarrollo de personas que piensan como Jesús, actúan como Jesús y aman como Jesús.

En Mateo 28 y a lo largo del Nuevo Testamento, nuestra misión es clara. Estamos llamados a hacer discípulos de Jesucristo para participar en el desarrollo de personas que piensan como Jesús, actúan como Jesús y aman como Jesús. Esta es nuestra gran tarea en el mundo, incluso mientras luchamos en nuestra vida para pensar, actuar y amar como Jesús.

COMPROMÉTASE

Se nos manda que hagamos discípulos. Esa es nuestra misión. Pero, realmente, ¿qué significa eso? ¿Cómo abordar el proceso de hacer discípulos? Tome unos minutos para dirigir esas preguntas al grupo.

Forme grupos más pequeños de dos o tres personas, para comentar las siguientes preguntas. Esté dispuesto a contar las experiencias de su vida y sus pensamientos sobre lo que ha aprendido mediante el estudio de este libro.

¿Cuál ha sido el hito más importante en su desarrollo como discípulo de Jesús?

¿Quién ha ejercido una influencia en su crecimiento como discípulo?

¿Qué obstáculos han impedido su crecimiento como discípulo?

¿Cómo describiría su plan actual para hacer discípulos?

PETICIONES DE ORACIÓN

....
....
....
....
....
....
....
....
....
....

1. er.jsc.nasa.gov/seh/ricetalk,htm, bajado el 05/13/15.
2. Comité sobre Ciencia y Astronáutica, Cámara de Representantes del Congreso, 1973. Audiencia para la autorización de la NASA, 1974 (Audiencia en la propuesta 4567). Washington, D.C.: Congreso 93, primera sesión. OCLC 23229007.

ACTIVIDADES DE CADA SEMANA

Además de estudiar la Biblia, trabaje con el líder de su grupo para crear un plan de estudio, adoración y aplicación desde este momento hasta la próxima sesión. Seleccione las siguientes actividades opcionales según su preferencia y el tiempo que tenga disponible.

⬆ Adoración

- [x] Lea su Biblia. Cada día, complete el plan de lectura que aparece en la página 72.

- [ ] Relaciónese con Dios cada día mediante la oración.

- [ ] Pase tiempo con Dios, participando en la experiencia devocional de la página 73.

➡⬅ Estudio personal

- [ ] Lea y estudie la sección "Tres verbos importantes", en la página 74.

- [ ] Lea y estudie la sección "Cinco comisiones críticas", en la página 76.

⬅➡ Aplicación

- [ ] Continúe orando a diario por las amistades, los miembros de la familia y los conocidos en su esfera de influencia que todavía no son discípulos de Jesús. Ore por cada una de esas personas, mencionándolas por sus nombres.

- [ ] Asegúrese de que sus esfuerzos para hacer discípulos están incentivados por la presencia y autoridad de Jesús. Disponga de por lo menos una hora durante esta semana, para pasarla en la presencia de Dios mediante la oración y meditando en Su Palabra.

- [ ] Comprométase a llevar el mensaje del evangelio a por lo menos una persona en la semana.

- [ ] Memorice Hechos 1:8 "pero recibiréis poder, cuando haya venido sobre vosotros el Espíritu Santo, y me seréis testigos en Jerusalén, en toda Judea, en Samaria, y hasta lo último de la tierra".

- [ ] Otro:

ADORACIÓN

PLAN DE LECTURA

Siga estudiando el libro de los Hechos durante esta semana. Utilice el espacio en blanco para anotar sus ideas y comentarios.

Día 1
Hechos 18:1-28

Día 2
Hechos 19:1-20

Día 3
Hechos 19:21-41

Día 4
Hechos 20:1-38

Día 5
Hechos 21:1-40

Día 6
Hechos 22:1-30

Día 7
Hechos 23:1-35

LA VID Y LOS PÁMPANOS

La Gran Comisión no es una sugerencia. ¡Es un mandato! Jesús está enviando a Sus discípulos a una misión con un propósito específicos, y, no obstante, es un mandato que contiene una promesa importante: "he aquí yo estoy con vosotros todos los días, hasta el fin del mundo" (Mateo 28:20).

Cierto, debemos recibir el consuelo de la promesa de la presencia de Jesús. Sin embargo, lucharemos al cumplir nuestra misión si pensamos que la presencia de Jesús es un bono o un suplemento agregado a nuestras habilidades. La verdad es que no podemos hacer nada productivo fuera de la presencia y el poder de Jesús. Dependemos por completo de Él, incluso cuando vamos a llevar a cabo Su misión.

Jesús habló acerca de esta realidad en el Evangelio de Juan:

> ⁴ Permaneced en mí, y yo en vosotros. Como el pámpano no puede llevar fruto por sí mismo, si no permanece en la vid, así tampoco vosotros, si no permanecéis en mí.
>
> ⁵ Yo soy la vid, vosotros los pámpanos; el que permanece en mí, y yo en él, éste lleva mucho fruto; porque separados de mí nada podéis hacer. ⁶ El que en mí no permanece, será echado fuera como pámpano, y se secará; y los recogen, y los echan en el fuego, y arden. ⁷ Si permanecéis en mí, y mis palabras permanecen en vosotros, pedid todo lo que queréis, y os será hecho. ⁸ En esto es glorificado mi Padre, en que llevéis mucho fruto, y seáis así mis discípulos.
> **JUAN 15:4-8**
>
> *¿Cómo busca usted, activamente la presencia de Jesús cada día?*
>
> *¿Qué prácticas le ayudan a llegar a estar más advertido de (y más confiado en) la presencia de Jesús?*

TRES VERBOS IMPORTANTES

Una de las características más asombrosas de la Biblia es que mientras más usted profundice en el texto, más encontrará y más profundamente será cambiado. Las Escrituras son muy insondables y fluyen constantemente con el agua de vida. Sin olvidar esto, podemos recoger un poco más de información acerca de la Gran Comisión luego que observemos más de cerca la estructura del texto, en específico los versículos 18-20 en el idioma original en el que fue escrito:

> [18] Y Jesús se acercó y les habló diciendo: Toda potestad me es dada en el cielo y en la tierra. [19] Por tanto, id, y haced discípulos a todas las naciones, bautizándolos en el nombre del Padre, y del Hijo, y del Espíritu Santo; [20] enseñándoles que guarden todas las cosas que os he mandado; y he aquí yo estoy con vosotros todos los días, hasta el fin del mundo. Amén.
> **MATEO 28:18-20**

La Gran Comisión es esencialmente un solo mandato con tres acciones. En realidad se trata de una sola oración gramatical compuesta. El verbo de la oración principal usa tres oraciones subordinadas. Este verbo principal es el verbo en griego "*aporeō*" que se tradujo en la Biblia en español como "Id", aunque una traducción literal del mismo sería: "habiendo ido" o "después de ir". Las oraciones subordinadas aclaran "para qué se va", y así se comienza con las acciones que son una consecuencia. Se va para: "hacer discípulos", "bautizarlos" y "enseñarlos". Estos son los tres verbos de las oraciones subordinadas. Cada uno ofrece un aspecto necesario del mandato de Jesús a Sus discípulos y juntos forman la Gran Comisión.

Id. Es un elemento imprescindible para poder hacer discípulos. No podemos ayudar a otros a encontrar a Jesús si no dirigimos nuestros esfuerzos hacia el exterior, aparte de nosotros mismos. Los discípulos de Jesús siguen Su ejemplo al ir, hasta el otro lado de la calle, hasta el otro lado de la ciudad, hasta el otro lado del país y hasta el otro lado del mundo, para dar a conocer las buenas nuevas.

¿Qué oportunidades tiene de "id" a obedecer a Jesús en su iglesia y comunidad?

¿Qué oportunidades tiene de "id" a otro lugar del mundo?

Bautizándolos. La práctica del bautismo se realiza después de la salvación como una ilustración de lo que sucede cuando nos convertimos en discípulos de Jesús. En ese momento de la conversión nos unimos a Jesús en Su muerte y en Su resurrección, morimos a nuestro viejo ser y comenzamos una nueva vida para Cristo y Su Reino.

Sin embargo, bautizarse es más que un símbolo. También sirve como un testimonio público de lealtad a Cristo, un mandato que Jesús, en la Gran Comisión, que nos mandó a hacer. Por lo tanto, cuando animamos a los nuevos discípulos a bautizarse, estamos animándolos a dar un primer paso firme en su peregrinaje, con obediencia como seguidores de Jesús.

¿Qué pasos recuerda al pensar en la importancia del bautismo?

Enseñándoles. El último verbo es "enseñándoles", que implica tanto la instrucción intelectual como la preparación práctica. Si Jesús nos hubiera mandado a que solo enseñáramos a los nuevos discípulos todo lo que Él nos manda, estaríamos libres para solo concentrarnos en las doctrinas de la fe cristiana. Podríamos predicar y enseñar acerca de la justificación, la santificación, la Trinidad, la caída de la gracia y muchas otras doctrinas, sin tener la preocupación de tener realmente que hacer algo.

Pero Jesús nos mandó a hacer discípulos "enseñándoles que guarden todas las cosas que os he mandado" (v. 20, énfasis del autor). Se nos ha mandado a no solo enseñar a los discípulos las prácticas de la fe cristiana, sino también servir de ejemplo en esas prácticas. Tenemos la tarea de ayudar a los discípulos de Jesús, incluyéndonos a nosotros mismos, a aprender a actuar basados en lo que se nos ha enseñado.

¿Quién ha ejercido influencia en usted al enseñarle acerca de los principios y las prácticas cristianas?

¿Quién ha ejercido influencia en usted al mostrarle cómo incorporar esos principios y prácticas en su vida diaria?

Jesús concluyó Su misión en la Tierra. Gracias a Dios, Él va con nosotros a medida que buscamos hacer discípulos para Su gloria y con obediencia a Su mandato.

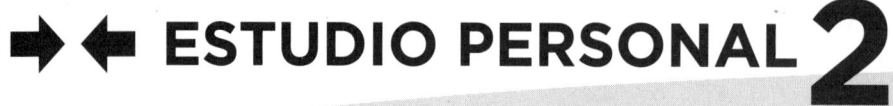

CINCO COMISIONES CRÍTICAS

Hemos visto que la Gran Comisión en Mateo 28:19-20 sirve como un resumen útil de nuestra misión como discípulos de Jesús. Pero este no es el único resumen útil. De hecho, en las primeras porciones del Nuevo Testamento se encuentran las cinco comisiones que Jesús les dio a Sus discípulos.

Vale la pena estudiar estas cinco comisiones. Repase las cuatro comisiones adicionales resumidas en el siguiente pasaje de las Escrituras, comenzando con el libro de Marcos:

> ^{14} Finalmente se apareció a los once mismos, estando ellos sentados a la mesa, y les reprochó su incredulidad y dureza de corazón, porque no habían creído a los que le habían visto resucitado. ^{15} Y les dijo: Id por todo el mundo y predicad el evangelio a toda criatura. ^{16} El que creyere y fuere bautizado, será salvo; mas el que no creyere, será condenado.
> **MARCOS 16:14-16**

¿Cuál es la primera impresión que le dan estos versículos?

¿Cómo se comparan y contrastan con la Gran Comisión?

Luego viene la comisión de Jesús casi al final del Evangelio de Lucas, aunque estos versículos sirven principalmente como un recordatorio para que los discípulos lleven a cabo todo lo que Jesús ya ha dicho:

> ^{45} Entonces les abrió el entendimiento, para que comprendiesen las Escrituras; ^{46} y les dijo: Así está escrito, y así fue necesario que el Cristo padeciese, y resucitase de los muertos al tercer día; ^{47} y que se predicase en su nombre el arrepentimiento y el perdón de pecados en todas las naciones, comenzando desde Jerusalén. ^{48} Y vosotros sois testigos de estas cosas. ^{49} He aquí, yo enviaré la promesa de mi Padre sobre vosotros; pero quedaos vosotros en la ciudad de Jerusalén, hasta que seáis investidos de poder desde lo alto.
> **LUCAS 24:45-49**

Jesús "les abrió el entendimiento, para que comprendiesen las Escrituras" (v. 45). ¿Cómo la Biblia le ha guiado en su misión como un discípulo de Jesús?

En Lucas 24, Jesús hizo referencia a enviar "la promesa de mi Padre", queriendo decir al Espíritu Santo. Al final del capítulo del Evangelio de Juan también se destaca el papel del Espíritu al dar poder a nuestra misión:

> 21 Entonces Jesús les dijo otra vez: Paz a vosotros. Como me envió el Padre, así también yo os envío. 22 Y habiendo dicho esto, sopló, y les dijo: Recibid el Espíritu Santo. 23 A quienes remitiereis los pecados, les son remitidos; y a quienes se los retuviereis, les son retenidos.
> **JUAN 20:21-23**

¿Cómo el Espíritu Santo ha incentivado sus esfuerzos para servir a Jesús?

Por último, el primer capítulo del libro de los Hechos tiene las palabras finales a Sus discípulos antes de Su ascensión al cielo:

> 7 Y les dijo: No os toca a vosotros saber los tiempos o las sazones, que el Padre puso en su sola potestad; 8 pero recibiréis poder, cuando haya venido sobre vosotros el Espíritu Santo, y me seréis testigos en Jerusalén, en toda Judea, en Samaria, y hasta lo último de la tierra.
> **HECHOS 1:7-8**

¿Qué obstáculos realmente detienen el mensaje del evangelio para proclamarse por completo "y hasta lo último de la tierra"?

¿Qué pasos tomaría usted durante las próximas semanas basándose en el estudio de estos pasajes?

SESIÓN 6
VAMOS JUNTOS CON CRISTO

Jesús nos envía fuera como una comunidad de discípulos para hacer discípulos.

COMIENCE

REFLEXIONE

En la sesión anterior, estudiamos más profundamente nuestra misión de hacer discípulos como seguidores de Jesús. Vimos que hacer discípulos es un mandamiento, no una sugerencia. Y aprendimos que el proceso de hacer discípulos incluye ir al mundo, bautizar a quienes reciban a Cristo y enseñarles cómo practicar los principios de la Palabra de Dios.

En esta sesión estudiaremos lo que significa hacer discípulos, no solo como individuos, sino también como un cuerpo colectivo de Cristo. Primero, dedique un momento a comentar sus experiencias en la semana que recién ha terminado.

¿Cuál de las tareas estudió esta semana? ¿Cómo le fue?

¿Qué aprendió o experimentó al leer la Biblia?

¿Qué preguntas le gustaría hacer?

ORE

Deténgase un momento para orar, ya sea individualmente o como un grupo:

- Dé gracias a Dios por hacerlo parte de un colectivo en el cuerpo de Cristo.

- Pida al Padre que le ayude a mantener una conexión con Jesús como la Cabeza de ese cuerpo.

- Afirme su deseo de unirse a todo el cuerpo de Cristo para comprometerse en Su misión de hacer discípulos.

INTRODUCCIÓN

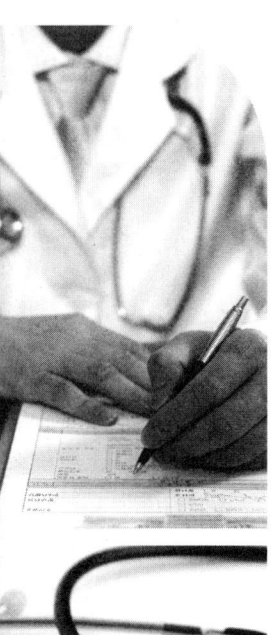

Tal vez haya notado que visitar a un médico incluye una rutina predecible, especialmente al principio de la cita. La mayoría de los médicos comienzan por buscar una respuesta a la misma serie de preguntas para realizar una amplia evaluación de su salud:

- ¿Cuál es su altura?
- ¿Cuánto pesa?
- ¿Cuál es su presión arterial?
- ¿Tiene alguna alergia?
- ¿Fuma?
- ¿Está tomando algún medicamento?
- ¿Está sufriendo algún dolor o incomodidad?

Luego de cientos de años de estudios, la profesión médica ha desarrollado ciertas medidas básicas y criterios aceptados que ayudan a los médicos a percibir si un cuerpo no está funcionando bien. El cuerpo humano está diseñado de una manera muy elaborada y maravillosamente compleja, sin embargo, contestar varias preguntas relativamente sencillas pueden revelar una gran cantidad de información acerca de la salud de la persona.

¿Durante qué período de su vida ha sentido tener la mejor salud o estar consciente de su salud?

¿Cuáles son algunos pasos importantes para mejorar la salud?

En todo el Nuevo Testamento, la iglesia se describe como "el cuerpo de Cristo" (vea 1 Corintios 12:27, por ejemplo). Cada individuo, discípulo de Jesús, está incluido en ese cuerpo junto con cada iglesia y congregación local. El mismo Jesús gobierna y dirige a la iglesia como Su cabeza.

Es interesante que de esa misma manera algunas preguntas básicas pueden ayudar a evaluar un cuerpo, hay factores clave que nos ayudan a evaluar la salud y la productividad de la iglesia como el cuerpo de Cristo. Como veremos en esta sesión, sabemos que la iglesia es saludable cuando los discípulos de Jesús trabajan juntos en un esfuerzo colectivo para obedecerlo y hacer más discípulos.

LA HISTORIA

CONOZCA LA HISTORIA

El concepto de la iglesia como el cuerpo de Cristo se puede encontrar en todo el Nuevo Testamento. Sin embargo, los escritos del apóstol Pablo ofrecen una referencia más profunda y más directa a esa idea, incluyendo cómo debemos entender el cuerpo y por qué para nosotros, es importante hacerlo. El siguiente pasaje de 1 Corintios es un ejemplo útil del punto de vista de Pablo sobre el cuerpo de Cristo. A medida que lea, preste atención a la fuerza y confianza de sus palabras.

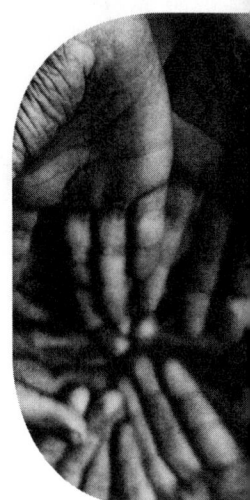

[12] Porque así como el cuerpo es uno, y tiene muchos miembros, pero todos los miembros del cuerpo, siendo muchos, son un solo cuerpo, así también Cristo. [13] Porque por un solo Espíritu fuimos todos bautizados en un cuerpo, sean judíos o griegos, sean esclavos o libres; y a todos se nos dio a beber de un mismo Espíritu. [14] Además, el cuerpo no es un solo miembro, sino muchos. [15] Si dijere el pie: Porque no soy mano, no soy del cuerpo, ¿por eso no será del cuerpo? [16] Y si dijere la oreja: Porque no soy ojo, no soy del cuerpo, ¿por eso no será del cuerpo? [17] Si todo el cuerpo fuese ojo, ¿dónde estaría el oído? Si todo fuese oído, ¿dónde estaría el olfato? [18] Mas ahora Dios ha colocado los miembros cada uno de ellos en el cuerpo, como él quiso. [19] Porque si todos fueran un solo miembro, ¿dónde estaría el cuerpo? [20] Pero ahora son muchos los miembros, pero el cuerpo es uno solo.

[27] Vosotros, pues, sois el cuerpo de Cristo, y miembros cada uno en particular.
1 CORINTIOS 12:12-20, 27

¿Cómo resumiría las diferencias principales que Pablo comunicó en estos versículos?

¿Por qué era importante que todos los discípulos de Jesús comprendieran y aplicaran estos versículos?

Como siempre, Pablo no anduvo con rodeos cuando escribió el pasaje anterior. Él habló con claridad y confianza. La iglesia es el cuerpo de Cristo. Todos los discípulos están incluidos en ese cuerpo. Por lo tanto, todos los discípulos tienen un trabajo importante que hacer.

Vamos juntos con Cristo

ANALICE LA HISTORIA

SOMOS EL CUERPO DE CRISTO

Una de las implicaciones más interesantes de las enseñanzas de Pablo en 1 Corintios 12 es que no hay tal cosa como un discípulo de Jesús aislado. En años recientes se ha hecho popular entre la gente, hablar de su intención de seguir a Jesús sin relacionarse con la iglesia en general. Sin embargo, de acuerdo con Pablo, ese concepto es imposible.

Ser un discípulo de Jesús es estar muy involucrado de forma íntima en la iglesia. Desde el momento en que experimentamos la salvación estamos injertados al cuerpo de Cristo como uno más de sus "muchos miembros" (v. 12).

¿Cómo describiría usted sus experiencias con la iglesia durante el transcurso de su vida?

Usted es parte del cuerpo de Cristo, y esa es una noticia maravillosa. Porque a pesar de los errores pasados de la iglesia y las faltas actuales, Jesús es la Cabeza. Usted es una parte de Su cuerpo, lo que significa que está íntimamente relacionado con Él.

Note esta promesa adicional de la Palabra de Dios: "Mas ahora Dios ha colocado los miembros cada uno de ellos en el cuerpo, *como él quiso*" (1 Corintios 12:18, énfasis del autor). No solo usted está relacionado con Jesús como parte de Su cuerpo, sino que además está posicionado exactamente en la forma correcta para lograr el trabajo para el cual Dios le ha llamado.

Usted ha sido diseñado especialmente para servir a Jesús como un miembro de Su cuerpo.

Muchos cristianos se sienten inseguros o desconcertados sobre su lugar en la iglesia local, lo cual es comprensible dado que la gente, incluso los bien intencionados discípulos de, Jesús no son perfectos. Sin embargo, Él nos ha prometido un lugar en Su cuerpo. Por lo tanto, nuestro servicio en la iglesia se convierte en un asunto de fe más que de comodidad.

> No solo usted está relacionado con Jesús como parte de Su cuerpo, sino que además está posicionado exactamente en la forma correcta para lograr el trabajo para el cual Dios le ha llamado a usted.

¿De qué maneras lo ha preparado Dios para servir en la iglesia?

NOSOTROS TRABAJAMOS JUNTOS PARA HACER DISCÍPULOS

No hay dudas de que ser parte de la iglesia, tanto de las congregaciones locales como de los grupos pequeños, provee muchos beneficios. Por ejemplo, podemos encontrar colectivos y compañerismo en la iglesia. Podemos encontrar apoyo y ánimo. Podemos encontrar una educación y enseñanza transformadora. Todas estas son bendiciones maravillosas. Pero siempre debemos recordar que el cuerpo de Cristo no se diseñó solo para bendecir a los miembros de ese cuerpo. Por el contrario, la iglesia existe para lograr la voluntad de su Cabeza, la cual es Cristo. Y es la voluntad de Cristo que la iglesia haga discípulos.

Por ejemplo, mire atrás, a la iglesia primitiva:

> 41 Así que, los que recibieron su palabra fueron bautizados; y se añadieron aquel día como tres mil personas. 42 Y perseveraban en la doctrina de los apóstoles, en la comunión unos con otros, en el partimiento del pan y en las oraciones.
>
> 43 Y sobrevino temor a toda persona; y muchas maravillas y señales eran hechas por los apóstoles. 44 Todos los que habían creído estaban juntos, y tenían en común todas las cosas; 45 y vendían sus propiedades y sus bienes, y lo repartían a todos según la necesidad de cada uno. 46 Y perseverando unánimes cada día en el templo, y partiendo el pan en las casas, comían juntos con alegría y sencillez de corazón, 47 alabando a Dios, y teniendo favor con todo el pueblo. Y el Señor añadía cada día a la iglesia los que habían de ser salvos.
>
> **HECHOS 2:41-47**

La iglesia existe para lograr la voluntad de su Cabeza, la cual es Cristo. Y es la voluntad de Cristo que la iglesia haga discípulos.

¿Cómo estos versículos muestran la obediencia a la Gran Comisión?

¿Cuáles son algunas de las maneras prácticas en las que su grupo o congregación trabaja para obedecer la Gran Comisión?

¿Cómo el Espíritu Santo le ha guiado a participar en la obra de su iglesia?

Vamos juntos con Cristo

COMPROMÉTASE

No siempre es fácil para la gente trabajar bien con otros. Incluso entre los discípulos de Jesús podía ser difícil poner a un lado el ego y la agenda personal para actuar como un equipo. Por esa razón es importante que los miembros de su grupo sean intencionales cuando traten de encontrar la manera de esforzarse para tener y mantener la unidad.

Por fortuna, uno de los métodos más sencillos para fortalecer los lazos en su grupo es también uno de los más efectivos. Ese método es la oración. Cuando usted y un grupo de miembros se unen para interceder el uno por el otro en la presencia del Espíritu de Dios, experimentarán una mayor unidad y desarrollarán niveles más profundos de confianza, ánimo y aprecio.

> *Como grupo, dedique varios minutos a hablar acerca de asuntos o circunstancias por los cuales a usted le gustaría orar.*

> *Oren en voz alta, el uno por el otro. Mientras cada miembro del grupo ora, los demás deben mentalmente hacer eco de su oración a Dios.*

> *Terminen comprometiéndose a orar a diario el uno por el otro, mencionando por nombre, a cada persona. Traten de mantenerse en contacto en el futuro y apoyarse en oración.*

PETICIONES DE ORACIÓN

....
....
....
....
....
....
....
....
....

ACTIVIDADES DE CADA SEMANA

Además de estudiar la Biblia, trabaje con el líder de su grupo para crear un plan de estudio, adoración y aplicación desde este momento hasta la próxima sesión. Seleccione las siguientes actividades opcionales según su preferencia y el tiempo que tenga disponible.

⬆ Adoración

☑ Lea su Biblia. Cada día, realice el plan de lectura que aparece en la página 86.

☐ Relaciónese con Dios cada día mediante la oración.

☐ Pase tiempo con Dios, participando en la experiencia devocional de la página 87.

➡⬅ Estudio personal

☐ Lea y estudie la sección "Encuentre su lugar en el Cuerpo" en la página 88.

☐ Lea y estudie la sección "Únase al Cuerpo, haciendo discípulos" en la página 90.

⬅➡ Aplicación

☐ Observe su agenda y revise su participación actual en su iglesia. ¿Está completamente comprometido como un miembro activo del cuerpo de Cristo?

☐ Memorice Colosenses 1:17-18: "Y él es antes de todas las cosas, y todas las cosas en él subsisten; y él es la cabeza del cuerpo que es la iglesia, él que es el principio, el primogénito de entre los muertos, para que en todo tenga la preeminencia".

☐ Identifique una actividad de la iglesia o un encuentro con el grupo en un futuro cercano al cual usted pueda invitar a sus amistades o familiares que necesiten conocer a Jesús. Ore cada día por esas personas, y manténgase alerta ante las oportunidades para invitarlas a visitar la iglesia.

☐ Invite a un compañero discípulo para unirse a usted en una actividad espiritual: estudiar la Palabra de Dios, memorizar las Escrituras, orar, evangelizar o ayunar.

☐ Otro:

ADORACIÓN

PLAN DE LECTURA

Esta semana termine de leer el libro de los Hechos. Use el espacio provisto para anotar sus pensamientos y respuestas.

Día 1
Hechos 24:1-27

Día 2
Hechos 25:1-27

Día 3
Hechos 26:1-23

Día 4
Hechos 26:24-32

Día 5
Hechos 27:1-44

Día 6
Hechos 28:1-16

Día 7
Hechos 28:17-31

SATISFACCIÓN EN EL CUERPO

Estar incluido en el cuerpo de Cristo es un privilegio maravilloso. Tenemos la oportunidad de servir a Dios hasta cuando disfrutamos los beneficios de la colectividad en la iglesia. Sin embargo, todavía hay obstáculos que se necesitan vencer. Todavía hay aspectos del pecado que pueden producir dolor a las personas y fricciones dentro de la iglesia.

Uno de esos obstáculos es la presencia del descontento. Para ser franco, es común que los discípulos de Jesús se sientan insatisfechos con su papel en la iglesia. A veces este es un pequeño deseo de tener más reconocimiento, más influencia o menos responsabilidades que impliquen sufrir tensiones. Otras veces, nuestra inquietud se convierte en una raíz llena de amargura y orgullo.

De cualquier forma, el apóstol Pablo comprendió con toda claridad que la falta de satisfacción tendría consecuencias peligrosas en el cuerpo de Cristo:

> [12] Porque así como el cuerpo es uno, y tiene muchos miembros, pero todos los miembros del cuerpo, siendo muchos, son un solo cuerpo, así también Cristo.
>
> [21] Ni el ojo puede decir a la mano: No te necesito, ni tampoco la cabeza a los pies: No tengo necesidad de vosotros. [22] Antes bien los miembros del cuerpo que parecen más débiles, son los más necesarios; [23] y a aquellos del cuerpo que nos parecen menos dignos, a éstos vestimos más dignamente; y los que en nosotros son menos decorosos, se tratan con más decoro. [24] Porque los que en nosotros son más decorosos, no tienen necesidad; pero Dios ordenó el cuerpo, dando más abundante honor al que le faltaba, [25] para que no haya desavenencia en el cuerpo, sino que los miembros todos se preocupen los unos por los otros. [26] De manera que si un miembro padece, todos los miembros se duelen con él, y si un miembro recibe honra, todos los miembros con él se gozan.
> **1 CORINTIOS 12:12, 21-26**

¿Se siente usted contento con su papel en el cuerpo de Cristo? Explique.

¿Qué prácticas le pueden ayudar a aumentar su nivel de satisfacción como un discípulo de Jesús?

ESTUDIO PERSONAL 1

ENCUENTRE SU LUGAR EN EL CUERPO

Si usted ha sido transformado como un discípulo de Jesucristo, entonces es parte de Su cuerpo que es la iglesia. Usted tiene un papel específico y una función como miembro de ese cuerpo, usted ha sido diseñado de manera única, y ha sido colocado allí especialmente para hacer que avance el trabajo de la iglesia, en su sentido más amplio, en la comunidad, en su grupo y en congregación local.

Por lo tanto, una de las mejores maneras para asegurarse de estar haciendo una buena contribución es identificando su papel y función en su iglesia. ¿Cuáles son sus dones? ¿Cómo puede contribuir a la vida y ministerio del colectivo de su iglesia? Estas son preguntas en las que usted ha estado reflexionando durante esta sesión. Afortunadamente, el apóstol Pablo resaltó varios papeles importantes en la iglesia en su carta a los cristianos de Éfeso:

> ¹¹ Y él mismo constituyó a unos, apóstoles; a otros, profetas; a otros, evangelistas; a otros, pastores y maestros, ¹² a fin de perfeccionar a los santos para la obra del ministerio, para la edificación del cuerpo de Cristo, ¹³ hasta que todos lleguemos a la unidad de la fe y del conocimiento del Hijo de Dios, a un varón perfecto, a la medida de la estatura de la plenitud de Cristo; ¹⁴ para que ya no seamos niños fluctuantes, llevados por doquiera de todo viento de doctrina, por estratagema de hombres que para engañar emplean con astucia las artimañas del error, ¹⁵ sino que siguiendo la verdad en amor, crezcamos en todo en aquel que es la cabeza, esto es, Cristo, ¹⁶ de quien todo el cuerpo, bien concertado y unido entre sí por todas las coyunturas que se ayudan mutuamente, según la actividad propia de cada miembro, recibe su crecimiento para ir edificándose en amor.
> **EFESIOS 4:11-16**

¿Cuáles son los papeles y las funciones que se mencionan en el cuerpo de Cristo según el pasaje anterior?

¿Cuáles son algunas funciones adicionales que realizan los miembros de su iglesia actual?

Note en el versículo 16 el énfasis de Pablo acerca del cuerpo que se edifica y permanece saludable mediante "la actividad propia de cada miembro". Ese es usted. A cada discípulo de Jesús le corresponde una parte para mantener la salud y productividad de la iglesia. Además, tenemos la responsabilidad de hacer nuestra parte para ayudar al cuerpo de Cristo a cumplir su misión, una responsabilidad que tiene consecuencias si descuidamos nuestra tarea.

Jesús dijo esto con claridad cuando contó la parábola de los talentos a Sus discípulos.

> *Lea Mateo 25:14-30. ¿Cómo resumiría el tema principal de la parábola de Jesús?*

> *¿Cuáles son algunas maneras recientes en las que ha estado invirtiendo sus talentos, sus dones y habilidades, para hacer discípulos en el cuerpo de Cristo?*

Muchas personas tienen dudas de entregarse por completo a la misión de la iglesia para hacer discípulos, y hay muchas razones para esa duda. Algunos sencillamente no quieren perder el control de sus vidas. Otros no desean perder sus posesiones o sus antiguos hábitos. Hay otros más que sienten que no poseen el don adecuado para hacer discípulos, creen que no tienen el don de enseñar o que no poseen un testimonio personal que sea espectacular.

Al final, todas estas excusas se concretan en lo mismo: desobediencia. Nuestro Maestro nos ha mandado a trabajar juntos como Su cuerpo para hacer discípulos para Su Reino. Esa es nuestra misión.

Lo que usted haga será una decisión suya.

> *¿Cómo describiría su papel específico en el cuerpo de Cristo?*

> *En la actualidad, ¿qué obstáculos le impiden comprometerse con ese papel más intensamente?*

ESTUDIO PERSONAL 2

ÚNASE AL CUERPO, HACIENDO DISCÍPULOS

Jesús vino al mundo con la misión de redimir al mundo, incluyéndonos a nosotros. Él se convirtió en uno de nosotros para poder enseñarnos y modelar lo que significa seguir a Dios. Él sufrió a nuestro favor. Él murió como la expiación por nuestros pecados. Y Su gloriosa resurrección hizo posible que todas las personas se unieran a Él en una relación con Dios nueva y restaurada.

Esa fue Su misión, y Él la cumplió.

Jesús también le dio a Sus discípulos una misión, una que debe guiarnos todos los días a expandir Su Reino y dar gloria a Dios. Al llegar a la conclusión de este estudio, vuelva a dar otra mirada a la misión como Él la expresó:

> [18] Y Jesús se acercó y les habló diciendo: Toda potestad me es dada en el cielo y en la tierra. [19] Por tanto, id, y haced discípulos a todas las naciones, bautizándolos en el nombre del Padre, y del Hijo, y del Espíritu Santo; [20] enseñándoles que guarden todas las cosas que os he mandado; y he aquí yo estoy con vosotros todos los días, hasta el fin del mundo. Amén.
> **MATEO 28:18-20**

¿Cómo ha cambiado o profundizado su comprensión de estos versículos en estas semanas?

¿De qué manera ha obedecido activamente en estos meses el mandamiento de Jesús de hacer discípulos?

"Hacer discípulos". Esa es su misión como un seguidor de Jesús. Sin embargo, usted solo no puede realizar esa misión. Necesita trabajar como parte del cuerpo de Cristo, si quiere lograr algún progreso, sin mencionar el hacer discípulos. Necesita relacionarse activamente con la vida de su iglesia local.

Con esto en mente, use la siguiente tarea y las preguntas para ayudarse a continuar avanzando para obedecer a Dios mostrando una gran pasión por su misión como un discípulo de Cristo.

¿Qué confiado se siente para hacer discípulos?

1	2	3	4	5	6	7	8	9	10
No confiado									Muy confiado

¿Escriba el nombre de tres personas por las que usted estará orando todos los días para que reciban a Jesús de una manera transformadora?

1.
2.
3.

¿Escriba el nombre de tres discípulos por quienes estará orando cada día para continuar desarrollando su madurez y obediencia a Jesús?

1.
2.
3.

¿Qué disciplinas espirituales le ayudarán a descansar en la presencia de Jesús a medida que obedece la Gran Comisión?

¿Hasta que grado otros discípulos de Jesús le han estado apoyando, animando e instruyendo?

1	2	3	4	5	6	7	8	9	10
Poco									Mucho

¿Cómo buscará activamente ánimo y apoyo de otros discípulos de Jesús a medida que trabaje y obedezca la Gran Comisión?

EL CAMINAR DEL DISCÍPULO

Si su grupo está siguiendo el proceso de *El Caminar del Discípulo*, seleccione el próximo estudio usando el gráfico o busque otros estudios de discipulado en *www.lifeway.com/espanol*

EL COMIENZO
Los primeros pasos para el nuevo discípulo

EL CAMINO
Descubriendo la senda del discipulado cristiano

EL LLAMADO
Contando el costo que tiene seguir a Cristo

LA MISIÓN
Uniéndose a Dios en Su obra

EL CAMINAR DEL DISCÍPULO

LA VERDAD
Conociendo las doctrinas fundamentales del cristianismo

LA VIDA
Viviendo las disciplinas espirituales

DÉ EL PRÓXIMO PASO

El Caminar del Discípulo es una serie de estudios basados en el modelo de formar discípulos que Jesús usó. Experimentados discipulados, a lo largo de la nación, crearon estos estudios que ofrecen una senda intencional para un discipulado que transforma y ofrece una manera de ayudar a los seguidores de Cristo de pasar de ser un nuevo discípulo a ser un discípulo maduro. Cada estudio de la serie está basado en los principios de modelar, practicar y multiplicar:

- Líderes que modelan la vida de un discípulo bíblico.
- Discípulos que siguen y buscan la práctica del líder.
- Discípulos que se convierten en discipuladores y que se multiplican por medio de *El Caminar del Discípulo*.

Discipuladores experimentados escribieron y aprobaron cada estudio de esta serie para grupos pequeños y para uso individual. La serie incluye:

1. EL COMIENZO
Dé los primeros pasos como nuevo creyente y un nuevo discípulo.

2. EL CAMINO
Camine a través de los Evangelios y siga el peregrinaje de Jesús y los primeros discípulos.

3. EL LLAMADO
Obtenga una comprensión más profunda de lo que significa seguir a Cristo cada día.

4. LA VERDAD
Sumérjase en las verdades doctrinales del discipulado bíblico.

5. LA VIDA
Dé una mirada profunda a las disciplinas y prácticas indispensables de seguir a Cristo.

6. LA MISIÓN
Capacítese para la misión de Dios y descubra su papel al unirse a Él en el mundo.

Para aprender más o dar el próximo paso, visite *LifeWay.com/discipulos*

INSTRUCCIONES PARA EL LÍDER

Como líder de grupo o mentor, tiene un papel importante en el proceso del discipulado, uno que involucra bendiciones y responsabilidades. Recuerde la siguiente guía a medida que obedece fielmente la Gran Comisión.

SU META

Recuerde que la meta principal en el proceso del discipulado es la transformación espiritual. El mejor fruto, gracias a su esfuerzo como líder, es lograr un crecimiento espiritual que resulte en corazones transformados, tanto el suyo como el de los discípulos que está guiando.

También recuerde que es probable que la transformación espiritual ocurra, cuando un líder piadoso ponga en práctica la verdad en el corazón de una persona que esté en la disposición de aprender. Como líder, usted tiene el control directo sobre las dos primeras condiciones, pero también puede motivar y apoyar a los discípulos mientras ellos tratan de ser receptivos. Aproveche esas oportunidades.

SUS MÉTODOS

Use las siguientes sugerencias a medida que trabaja para alcanzar la meta de la transformación espiritual.

- **Ore diariamente.** Los estudios han demostrado que los líderes que oran todos los días por los discípulos bajo su cuidado, ven más el fruto espiritual durante el proceso del discipulado. Su meta máxima es la transformación espiritual, por lo tanto, busque al Espíritu Santo.

- **Enseñe la información.** Este material contiene información útil acerca de los elementos básicos de la fe cristiana. Durante los comentarios en el grupo, usted querrá estar familiarizado con el contenido para evitar leer cada página. Destaque las palabras clave o incluso cree su propio bosquejo de los puntos importantes. Esto le ayudará a emplear mejor el tiempo. Prepárese por adelantado.

- **Busque la conversación.** A medida que guíe a los discípulos por este material, busque comprometerlos en una conversación. Para ayudarle, ofrecemos preguntas que motivarán comentarios durante la reunión del grupo en cada sesión. Estas preguntas brindan la oportunidad de hacer una pausa y permitir que cada discípulo reaccione a la enseñanza. Como una guía, también le brindan la oportunidad de calibrar cómo está progresando cada persona en el camino del discipulado.

- **Sirva de ejemplo.** Muchos discípulos aprenden mejor observando a otros. Por lo tanto, cada sesión de este libro incluye oportunidades para que usted sirva de ejemplo con los atributos, disciplinas y prácticas de un discípulo de Jesús en pleno crecimiento. Aproveche estas oportunidades, mostrando, de manera intencional, a los discípulos cómo orar, relacionarse con la Palabra de Dios, adorar a Dios, etc., y también busque las reacciones y haga preguntas.

Que Dios bendiga sus esfuerzos para guiar a otros a la bendición de una nueva vida por medio de Cristo y una continua transformación mediante Su Espíritu.

NOTAS

EL CAMINAR DEL DISCÍPULO
Directorio del grupo

Nombre: _____   Nombre: _____
Teléfono: _____   Teléfono: _____
Celular: _____   Celular: _____
Email: _____   Email: _____
Medios sociales: _____   Medios sociales: _____

Nombre: _____   Nombre: _____
Teléfono: _____   Teléfono: _____
Celular: _____   Celular: _____
Email: _____   Email: _____
Medios sociales: _____   Medios sociales: _____

Nombre: _____   Nombre: _____
Teléfono: _____   Teléfono: _____
Celular: _____   Celular: _____
Email: _____   Email: _____
Medios sociales: _____   Medios sociales: _____

Nombre: _____   Nombre: _____
Teléfono: _____   Teléfono: _____
Celular: _____   Celular: _____
Email: _____   Email: _____
Medios sociales: _____   Medios sociales: _____

Nombre: _____   Nombre: _____
Teléfono: _____   Teléfono: _____
Celular: _____   Celular: _____
Email: _____   Email: _____
Medios sociales: _____   Medios sociales: _____